U0085609

書山有路勤為徑，學海無涯苦作舟。

書山有路勤為徑，學海無涯苦作舟

六世達賴喇嘛

倉央嘉措的情與詩

任倬灝 著

他是否真的是活佛轉世，他到底有幾個心怡的女子？

他流傳下無數美麗的情詩，也留下無數的未解之謎，他雖然只有短短20年的人生，卻有著令人驚歎的愛情，而他的死亡，也成為了一個神秘而且美麗的傳說。

他為愛，寫下了不負如來不負卿。

從來沒有一個和尚像他如此多情，從來沒有一個公子有他的傳奇身世，
從來沒有一個達賴的故事如他的故事般依舊在民間廣為流傳！
從來沒有一個人能如他一般和尚，情郎，詩人與一體……

序言

瑪吉阿米的千年等待

行走在拉薩的大街上，天，已全黑，卻又在不經意中泛出一絲奇異的紫魅。這裡的夜晚比平原更加深邃，寒冷的空氣肆虐著全身的每一處毛孔，深吸一口氣，卻能感受比平原更加聖潔的心境。

我抬眼，雙目似被什麼光亮刺了一下，黑暗的轉角處忽然綻放出一棟明黃色的建築。我揉了揉眼睛，一個上書「瑪吉阿米」小牌被掛在了建築的二樓。小牌上，一個美麗的藏族姑娘，被鎖其間，她的眼神，似在傾訴。

走進酒吧，在二樓靠窗的位置坐下，點了杯酥油茶，眼角卻瞥見桌上靜待的一本書——《瑪吉阿米》。

在西藏，不是任何一棟建築都可以被刷成明黃色，那是神聖無比的象徵。瑪吉阿米，究竟與這明亮的神聖有著何種聯繫？

我饒有興趣的翻開了書，終被書中的一對情侶深深震撼。

那一天，那一年，那一夜，一個帥氣、博學、多情的公子駐足於此，他看見了一個美麗、大方、溫柔的姑娘，他們的目光觸碰在了一起，擦出了心的火花。他們圍繞著火焰盡情歌舞，盡情傾訴心中的愛慕。

然而，他們彼此欽慕，卻又只能在黑夜的掩護下相會。夜，是他們唯一可以幽會的時間；夜，是他們唯一可以想見的屏障。一切皆因，這位公子身分實在特殊，特殊到整個西藏為之動容，為之哭泣。

傳說，這位特殊的公子，就是雪域高原最神秘的宗教領袖——六世達賴倉央嘉措。

傳說，倉央嘉措多才又多情，瑪吉阿米卻是唯一一位烙印在倉央嘉措心中的女子。

傳說，倉央嘉措幾乎捨棄了身外的所有一切，卻無法捨棄瑪吉阿米的一縷髮絲。

瑪吉阿米，妳究竟是誰，妳究竟擁有怎樣的容顏。當他離去，妳又究竟在此等待多久，是一年，還是，一千年……

那一夜，我聽了一宿梵歌，不為參悟，只為尋妳的一絲氣息。

那一月，我轉過所有經輪，不為超度，只為觸摸妳的指紋。

那一年，我磕長頭擁抱塵埃，不為朝佛，只為貼著妳的溫暖。

那一世，我翻遍十萬大山，不為修來世，只為路中能與妳相遇。
那一瞬，我飛升成仙，不為長生，只為保佑妳平安喜樂。

那一天，閉目在經殿香霧中，驀然聽見妳頌經中的真言。
那一月，我搖動所有的轉經筒，不為超度，只為觸摸妳的指尖。
那一年，磕長頭匍匐在山路，不為覲見，只為貼著妳的溫暖。
那一世，轉山轉水轉佛塔啊，不為修來生，只為途中與妳相見。

那一刻，我升起風馬，不為祈福，只為守候妳的到來。
那一日，我壘起瑪尼堆，不為修德，只為投下心湖的石子。
那一月，我搖動所有的經筒，不為超度，只為觸摸妳的指尖。
那一世，轉山不為輪迴，只為途中與妳相見。

倉央嘉措的情詩深情而纏綿，他身為活佛，卻為何擁有比世人更加強烈的情愫？在歷史的傳說中，從來沒有一個和尚比他更加多情；從來沒有一個公子比他的身世更加傳奇；

從來沒有一位達賴的故事像他的故事那般在民間廣為流傳；也從來沒有一個人能如他一般，是和尚，是情郎，更是一位充滿傳說的詩人。

倉央嘉措，雪域最令人憐惜的少年，雪域身世最悲慘的活佛，雪域永無法忘卻的詩人。

關於他的一生，有著許多褒貶不一的說法。有人認為他是一個浪蕩的花和尚，有人為他美妙的情詩黯然淚下，也有人為他的悲劇命運感慨不已。

在青海部分地區，人們為了紀念他，甚至衍生出了一項民俗——向傳說中他死亡的青海湖投食，以免魚兒吃了他的肉身。在阿拉善的廣宗寺裡還放著傳說中他的遺物。

歷史的煙塵已經散去，我們與這位多情傳奇的達賴相隔著遠遠的歲月。是什麼樣的人，什麼樣的故事才讓我們還對這段故事充滿了好奇？人們或用文字，或用儀式，或用歌曲來表達對這位達賴的追思。而想必大家都對以下的歌曲非常熟悉：

第一最好不相見，如此便可不相戀。
第二最好不相知，如此便可不相思。
第三最好不相伴，如此便可不相欠。
第四最好不相惜，如此便可不相憶。

第五最好不相愛，如此便可不相棄。
第六最好不相對，如此便可不相會。
第七最好不相誤，如此便可不相負。
第八最好不相許，如此便可不相續。
第九最好不相依，如此便可不相偎。
第十最好不相遇，如此便可不相聚。
但曾相見便相知，相見何如不見時。
安得與君相訣絕，免教生死作相思。

這首直白卻又像利劍一般直刺人靈魂的詩歌，那麼撩動人心，介乎於佛的禪理與空靈之中。

「那一天，那一月，那一年……」耳邊彷彿還依稀迴盪著悠揚的旋律，時間轉眼好像回到了三百多年前的某年某月某天某個夜晚。

倉央嘉措獨自站立在冰冷的青海湖畔，寒風吹捲他的衣袍。他的袖口似乎還殘留著誰的溫度，在這凜冽的風裡和人世中，只有這些殘存的溫情給予他希冀和期望。

月光如水，美人如玉。他往故鄉的方向眺望，卻只看到一片茫然大地。過去幸福的日子還可清楚

記憶。那時情意濃，如今人散去。昔日繁華拉薩街頭客，如今青海湖畔落魄囚。命運的百轉千回永遠和我們開著巨大的玩笑。

因為頭頂達賴的光環，他必須放棄他的愛情。

如今他孑然一身，愛情卻再也不會回來。

此時此刻的他，一無所有。遠處有幾個人看守著他，疑惑地看著這位沉思的和尚。玉盤般的月亮倒映在明鏡般的青海湖，這情景看似平靜。他雙手合十，念誦佛祖的箴言，心頭幻影卻重重疊加，不斷複寫著他的命運。

最初的最初，是一個男人與女人命運般的邂逅——和有情人做快樂事，別問是劫是緣。

相互感嘆的一瞬間，傳奇已經被開始抒寫。

最後的最後，紛繁的愛情碎片穿過荒蕪的時光和大地，散落在人間各個角落，留給後人追憶與猜測，驚嘆與感慨。

為這剎那的榮光，他們寧願拿自己所有的一切殉葬：名譽、富貴、地位……

從此以後，埋葬了情愛，同時也埋葬了生之一切燦爛。誰又想到，從此鑄就了死之傳奇。

他，究竟是怎樣的一個傳奇？他，究竟擁有怎樣離奇的人生？他，又究竟擁有怎樣的智慧，怎樣的情愫，以至於他的靈魂三百年不曾消散於世人的心中？

在青海湖畔靜靜沉思的倉央嘉措就這樣突然消失了，遁去在煙波浩渺的歷史中。

人最孤獨的時候總是對自己特別誠實。

他願用這肉身承受曾經所犯孽障帶來的劫數，於是終於選擇沉默與隱去。

唯有那傳奇的愛情還穿越了三百年，穿過那個青海湖畔的孤獨夜晚，至今令人嘆息。

六世達賴喇嘛倉央嘉措的情與詩

130

引子

倉央嘉措 那人 那詩 那情

倉央嘉措這位詩人的詩歌竟然就以這樣的「非自己的詩歌」而被流傳著，著實也是一件非常有趣的事情。

倉央嘉措詩歌與漢人詩歌最與眾不同的地方有幾點。

首先，他的詩歌以藏文寫作。漢人只有從對他的翻譯版本中瞭解他的詩歌。而在翻譯的過程中，詩人的詩歌風格也因此發生了巨大變化。于道泉先生是第一位將倉央嘉措的詩歌翻譯成漢語的人。于道泉先生的版本樸素直白。基本與倉央嘉措的原作風格保持一致。在倉央嘉措的詩歌裡我們能看到強烈的民歌印跡，語言樸素，手法多與中國古代第一部詩歌典籍《詩經》相似，大量運用賦比興等手法。而曾緘先生使用格律詩的格式翻譯了倉央嘉措的詩歌。他的翻譯使得倉央嘉措原本樸素的詩歌變得更加嚴謹而整飭，雖然有改變原作之嫌疑，卻為倉央嘉措詩歌在漢語的流傳做出了巨大的貢獻。

其次，他的詩歌中有許多西藏密宗內容。佛教是世界三大宗教，發源於印度。後來傳到了西藏，

之後又傳到了西藏及中原等地。在傳播的過程中，佛教在各地產生了許多派別和宗系。西藏的密宗就是在西藏地區廣泛流傳的一種派系。密宗與中原佛教有著許多不同之處，而身為達賴的倉央嘉措深受密宗影響，以致我們在理解他的詩歌時會產生一些困難甚至誤解。

最後，他與許多寫詩的和尚最不同的地方是：他所寫的絕大部分是情詩。在禁欲的活佛和多情的公子間，人們驚異地發現了一張重合的臉。這不僅僅是前無古人，更是後無來者的勇敢之舉。人們或許已經記不起達賴已經轉了多少世，他們寫過了多少佛學著作，然而倉央嘉措的情詩卻依舊在民間流傳著，他的故事也依舊是人們津津樂道的話題。

在西藏這片寄託著無數人「烏托邦」情結的聖地裡，也曾經醞釀過不為人知的陰謀和動人纏綿的愛情。它的神秘與溫情奇妙地糾纏、結合在一起，使得我們這些紅塵俗人對這片土地產生了深深的嚮往和熱愛。

倉央嘉措也許並不是一位一流的詩人，然而他的詩歌如今看來依舊讓我們內心充盈，感動生命。

第一章 心頭影事幻重重

——倉央嘉措的未解之謎

和尚，這個漢字裡面最古板、最枯燥的辭彙，一向只與青燈古佛為伴，一向只與寡言薄欲相行。乍看此詞，空曠森嚴的廟宇突然闖入心中，日復一日的苦修之景不由得讓人頭皮發緊。

歷史上諸多著名的和尚，如達摩祖師、六祖惠能、唐玄奘等，給人留下的，也無非是一段段與政治，或是宗教有關的厚重教典，教人讀來口乾舌燥，心生煩悶。大概是我此生與佛無緣，和尚一詞，實在不能讓我提起多大興趣。

然，自那夜在瑪吉阿米酒吧偶遇「倉央嘉措」，「和尚」一詞又重入我眼。那一夜，目光所到之處，卻滿是「濃濃的愛意」，「無可比擬的才情」，「神秘的雪域之王」……

和尚，也會有如此豐富多彩的一生嗎？和尚，也會有如此讓人動容的愛情嗎？或許，對倉央嘉措來說，和尚，只是他眾多身分中的一個名詞，在這個名詞之下，湧動著數不盡的才華、情愫，還有悲慘的身世。

倉央嘉措，這位全西藏曾經最重要的宗教領袖——聖域之王，雪域高原最神秘的詩人，最多情的佛陀子弟……在這眾多的頭銜之下，你無法想像，他的詩作，比他的地位更令人神往，他的經歷，則比他的詩作更加傳奇。

歷史的塵囂已消逝了三百年，而他的一生，卻至今還是眾人茶餘飯後的話題。然而，如果你以為他只是一個舒適的王者，或是一個令人傾慕的才子，那你就大錯特錯了。在他短暫的一生中，歷經了所有人無法想像的光榮與屈辱，承載了世間俗人無法理解的聖潔與晦暗。

倉央嘉措，他具有達賴和情郎的雙重角色，又在格魯派對抗和碩特蒙古的政治鬥爭中起著至關重要的作用，他的一言一行足以牽一髮動全身，甚至影響整個西藏的政治格局。

然而，讓人疑惑的是，他是雪域的最高領袖「達賴喇嘛」，卻又在相當長的一段時間裡沒有任何實權；他的佛法被藏傳佛教高僧賦予極高的評價，卻又被人懷疑根本不是「靈童轉世」；他的身分有如雪域的蓮花一般聖潔，他本人卻又被傳出在數個女人之間糾纏不清的緋聞。

這些鐵錚錚的事實，讓人不得不對倉央嘉措提出種種質疑。

「六世達賴」，這究竟是一個怎樣神聖的名號？「倉央嘉措」，這又究竟是一個怎樣糾結的名字？他是聖僧？還是情種？或者只是政教合一的傀儡？真實的倉央嘉措究竟是什麼樣子的呢？在他的人生中，又還藏有多少謎團呢？

一、他的詩作都是情詩嗎？

在時光飛逝的時空中，你可曾找到一位活佛，如他這般，權重、多情，富有傳說。他輕盈的穿梭於「活佛」和「情郎」之間，他桀驁的寫下流傳於世的作品。他的詩歌，每一言，每一句，都似在輕輕的敲打姑娘們的心，撩動著姑娘們尚未開化的情愫。

問題是，他是活佛，他是六世達賴，他是整個西藏的精神領袖。他真的會與佛祖的教誨背道而馳，留下許多情愛詩詞嗎？

懷著對倉央嘉措的極大興趣，我翻閱了無數關於他的資料。數月之後，我驚異的發現，事實似乎與傳說大有出入。

倉央嘉措的詩歌，就像裝在玻璃瓶底的萬花筒般，從不同的角度欣賞，它的美麗與意義也完全不

同。

傳說自他消失的那天開始蔓延。人們似乎對逝去的美麗更加感興趣，他們對倉央嘉措一生可憐的悲劇命運懷著極大的同情，並將現在流傳著的倉央嘉措詩歌的版本，翻譯成了許多不同的語言。

其中，似乎情詩的比例佔的並不算多。更多的，是對佛祖的虔誠，是對世事的頓悟。倉央嘉措，他，果然還是佛陀的子弟。

比如說下面這段《問佛》：

我問佛：如何才能如你般睿智？

佛曰：佛是過來人，人是未來佛。

詩中只有短短一問一答，卻已把人與佛的差別道得清清楚楚，明明白白。

是人，還是佛，僅在一念之間。

看破，人就是佛。執著，佛便是人。

我偶爾會想，當倉央嘉措寫下這兩句短短的話語時，他的內心可曾湧動？他的腦海會不會閃過一絲雜念？他的身世，他的處境，他的困惑，都逼迫著他在不斷思考，就像一縷剪不斷的麻線，緊緊壓迫著他，讓他無法呼吸。

周圍的人，都視他為活佛，仰望他，敬重他。望著無數敬仰的目光，他將自己的心事深深埋葬，不敢說，也不能說。

我們無法揣測的是，當他的筆尖落在紙上時，佛，究竟是令他困惑的究極所在，還是他賴以逃避的避風港？

唯一讓人慶幸的是，他並非一心逃避紅塵的人。

在佛陀的世界裡，不感受紅塵，又怎能看破紅塵；在佛陀的心中，我不入地獄，誰入地獄。作為佛陀的代言人，他明白，一心只想逃避紅塵的人，雖然念誦著佛經，尋找的卻不是快樂自在之道，而是逃避厭世的方法。

不過，即使倉央嘉措是如此虔誠，如此恪守職責，人們卻依然對他的「情聖」身分更加關注，更多的人，更願意尋找他偶爾散落在民間的「情歌詩集」。這究竟是佛的悲哀，還是世人的淪落？

或許，在人間，愛神，永遠都比佛陀更加有魅力，愛情的力量，永遠都比和尚的修行更加鼓動人心。你不得不承認，愛，是一種來自人心，最原始、最有威力的能量，無論在世俗的平原，或是在神聖的雪域高原。

不過，即使人們嚮往愛情，希望看到倉央嘉措描寫的愛情詩歌，我也不得不為此解釋一番。畢

竟，「佛陀」和「愛情」，從來就只是被人們附會到了一起，遠離那些美好的願望，它們從來，就不是一條繩上的螞蚱。

「倉央嘉措情歌」的原文題目是《倉央嘉措古魯》。而在西藏，「古魯」指的是「道歌」，而「雜魯」指的才是「情歌」，後人以訛傳訛，還是喜聞樂見地把這本詩歌集認為是情歌集。

然而，令人驚喜的是，我們依然在這本詩集中發現了某些與「情」有關的蛛絲馬跡。以曾緘先生翻譯的倉央嘉措詩歌為例子，我們發現，倉央嘉措的確有一些詩歌，是以情歌的詞句形式存在的。

曾緘先生曾經譯得倉央嘉措如下的一首詩：

入定修觀法眼開，祈求三寶降靈台。
觀中諸聖何曾見，不請情人卻自來。

這首詩的大意是說，打坐的時候，佛祖的形象還沒有出現在眼前，情人的身影卻飄然而至，不請自來。

從字面意思看，這真是一個令人驚喜的詞句，詩中的「情人」，會不會就是傳說中的瑪吉阿米？

又或是傳說中，倉央嘉措的某個情人之一？

然而，由於這首詩是用藏語寫的，不同的翻譯對詩的理解也有不同，我們無法僅憑一個翻譯版本，就認定詩中的「情人」是真實存在的。

所以，我又找來了這首詩的另一個翻譯版本：

我默想喇嘛的臉兒，心中卻不能顯現。
我不想愛人的臉兒，心中卻清楚地看見。

由此來看，兩位完全不同的翻譯者，都將此詩翻譯成情詩的模樣。看來，這似乎確是一首情詩無疑了。

但是，我的心中卻始終存在一個疑點。作為西藏地位最崇高的宗教領袖，倉央嘉措即使心有所屬，又豈會將自己的心思明示在詩中，昭示天下。

此時此刻，他坐在尊貴無比的寶座上，即便可以用種種暗喻的方式，記敘自己無邊的思念，又豈可用明喻的筆法，用思念，對抗佛法。

思念放在心中，或許還可以一直念想，放在嘴上，卻可能連思念的機會都沒有了。沒有腦袋，什麼機會都沒了。

倉央嘉措，他真有這麼大膽嗎？

所以，要理解這首詩歌，瞭解倉央嘉措的宗教背景非常重要。倉央嘉措修持的是密宗，在曾緘的譯文中，有「觀想」一說，而「觀想」，其實是密宗的一種修持方法。這首詩歌其實是在說，倉央嘉措在「觀想」之時，已能達到佛祖與己合二為一的境界，他說「情人不請自來」，其實是在用世人都瞭解的情人借喻佛祖，以此來表達自己的觀想境界。

事實上，後人將倉央嘉措的這首詩歌誤認為是情詩，跟後人的翻譯，也有著莫大的關係。曾緘先生是倉央嘉措詩歌的主要翻譯者之一，他就極為喜歡在翻譯這些詩歌時，加入自己的文采和意會。曾緘先生曾經翻譯了這樣一首倉央嘉措的詩：

靜時修止動修觀，歷歷情人掛眼前。
肯把此心移學道，即生成佛有何難。

不過，這樣講來，又一個疑點出現了。既然此處的「情人」即為佛祖，那翻譯者又為何不乾脆以「佛祖」一詞代入呢？我們可以來看看曾緘先生翻譯的另外兩首詩：

意外娉婷忽見知，結成鴛侶慰相思。
此身似歷茫茫海，一顆驪珠乍得時。

為豎幡幢誦梵經，欲憑道力感娉婷。
瓊筵果奉佳人召，知是前朝佛法靈。

從字面上來看，第一首詩的確是一首情詩。「娉婷」一詞自然被理解為倉央嘉措的心上人。主要表達的是與意中人相愛的驚喜。他為自己能與心上人如此恩愛感到幸運和開心，把這種美好的感覺比喻為在大海裡撈到了珍寶。

而在第二首詩裡，「娉婷」一詞顯然出現了歧義，並且，它代指「佛祖」一詞的可能性更大一些。出現這種問題的原因，和漢語的表達方式有著極大的關係。

在漢語中，表達「心上人」的詞語不勝枚舉，曾緘先生不必使用同一個詞語既表達「心上人」又表達「佛祖」。並且，如果第二首中的「娉婷」指的是「心上人」就與「為豎幡幢誦梵經」矛盾。倉央嘉措只是一個迷失活佛，還不至於明目張膽到在公開作法的時候還想著心上人，並且直言不諱地說

「我為了能感受心上人而大設講經之壇。」所以，我們完全可以大膽的猜測，這前後兩首詩中的「媽婷」，指的是同一個事物，即為「佛祖」。

如果我們用這樣的方式去解讀那些被「錯譯」了的「倉央嘉措情詩」，我們會驚奇的發現，他的詩歌中其實蘊含著許多宗教的含義。這不禁令人大失所望。

一旦我們還原倉央嘉措真實的歷史形象，去除傳說賦予他的各種形象，我們甚至可以顛覆對他詩歌的傳統理解。或許，他留給人們「花和尚」的印象太深刻，使得翻譯者對倉央嘉措有了先入為主的「多情和尚」的印象，從而使得翻譯版本都向情詩靠近了。

不過，這究竟是一個令人惋惜的真相。對於愛戴倉央嘉措的人們來說，他們寧願相信，他是布達拉宮裡最為桀驁不馴的「情詩王子」，也不願將那些美麗的詩詞，跟枯燥無味的經文聯繫起來。

在層層殘酷的剝離之下，「多情活佛」的故事化為了子虛烏有的雲煙，多情纏綿的情歌全部成了禮佛之詩，有關「情種」達賴的幻想，隨著高原的冷風，消失在了喜馬拉雅的雲端。

文學，往往給人們編織一些美麗的夢，讓我們穿過夢看清楚這個世界。正是這一層美麗的夢，讓人們感覺到文學的魅力，感受到文學高於枯燥生活的不同。正因為如此，人們總會把那些傳奇的故事給予不存在的虛構人物身上。

人生早已經如此艱難，我們又何不簡簡單單地抱著欣賞的角度去閱讀倉央嘉措的詩作？何不以一

盛裝打扮的美麗西藏女孩

個普通讀者的心情去閱讀一個多情和尚對愛人情深意切的告白呢？

我們在他的詩歌中可以看見的是最簡單最直白的愛。他不因自己是活佛而忌諱，簡單真實地道出自己的真情。這又有何不可？

每個人心裡都有不同的哈姆雷特。每個人心裡也都有不同的倉央嘉措。就留一個多情的和尚之形象在我們的心裡，那樣會不會更加貼近我們的生活呢？是不是更能讓我們引起共鳴呢？是不是也讓我們黯淡的生活多了許多遐想？

二、他到底有幾個「情人」？

坐在「瑪吉阿米」的椅子上，指尖輕觸畫中她的模樣，我開始一遍一遍在腦海中勾勒。勾勒這個「月亮少女」的影像，勾勒她曼妙的身姿，勾勒她如鈴般的嗓音。

傳說，瑪吉阿米是倉央嘉措的第一個情人，如果他真的曾經擁有過數量眾多的情人。「瑪吉阿米」這個名字第一次為人所知，出自於他的詩歌集中「心頭影事幻重重，化作佳人絕代容」一句。在藏文原文中，「佳人」這個詞語的直接讀音，就是「瑪吉阿米」。

傳說，在倉央嘉措已經厭倦學習經文的日子裡，在集市中偶遇瑪吉阿米，在相當長的一段日子裡，他想做的事情，就是帶著心愛的瑪吉阿米一同回家，過著平淡的田園生活。

然而，他的幻想破滅了。桑結嘉措匿喪一事敗露之後，倉央嘉措的靈童身分得以公開。他還來不及對心愛的瑪吉阿米告別，就走上了西藏政治鬥爭的歷史舞臺，從此生活在僧侶們爾虞我詐的陰影中。

他回家的願望再也實現不了，他必須回到布達拉宮做他的活佛，每日面對青燈木魚。從此他再也

沒見過他的初戀情人瑪吉阿米。

傳說沒有告訴我們，倉央嘉措是懷著怎樣的心情離別瑪吉阿米。因為，在傳說裡，瑪吉阿米的故事就此畫上了句號，但倉央嘉措的情事卻沒有因此停止。

當倉央嘉措穿回了活佛的衣衫，在戒律森嚴的宗教儀式面前，他的師傅們只關心他的學經，他在這種幾乎讓他窒息的環境裡越來越孤獨。

在長久的忍耐之後，他終於做出了影響他一生的決定——換上俗家衣服，到拉薩街頭玩樂。他給自己取了一個化名——宕桑旺波。

從此，拉薩街頭的酒肆裡出現了一位英俊不凡，名為宕桑旺波的年輕人。他很快和一群青年男女結交，並且迅速融入了這個圈子。這種日子，讓他回到了青春自由的世俗生活，他感覺自己擺脫了政教鬥爭的巨大壓力和每天從早到晚繁複而無趣的宗教儀式。

倉央嘉措為了邀請他的朋友，在布達拉宮後花園裡的湖中小島建築了一座精美的樓閣，名叫龍王潭。在這裡，他邀請他的朋友們一起唱歌跳舞。在這些舞會中，出現了一位吸引他的女孩子，名叫達娃卓瑪。達娃卓瑪的家鄉在瓊結，在眾多的庸脂俗粉裡她那清麗脫俗的美麗深深地吸引了倉央嘉措。多才多藝的詩人為這位美麗的姑娘即興創作了一首歌。而達娃卓瑪也為這樣一位氣宇軒昂的小夥子吸引了。

或許是為了擺脫失去瑪吉阿米的陰影，倉央嘉措很快愛上了達娃卓瑪，而達娃卓瑪也很快被這個英俊的青年吸引。

白天，他們遊玩歌舞，夜裡，倉央嘉措溜出布達拉宮與她約會。他們就像一對迷戀燭光的飛蛾，盡情撲搧著翅膀，向著無法預知的「火焰」撲去。

有一天，天下著大雪。布達拉宮的守衛看見雪地上一行腳印直通倉央嘉措寢宮。調查以後發現這腳印正是倉央嘉措自己的。這證明夜晚的時候他曾溜出布達拉宮。他們也得知了倉央嘉措出宮的目的就是和達娃卓瑪約會。這個天大的秘密就這樣洩露了。

舉世譁然，身為活佛的倉央嘉措竟然在外面「尋歡作樂」？

從此以後，龍王潭的聚會上達娃卓瑪再沒有出現。原來她已經被父母帶回了家鄉。一對有情人就這樣被拆散了。

據說，雙重失戀的痛苦，讓本就孤獨的倉央嘉措更加內向，他開始將滿腔思念化為詩歌，將它們散到民間。

然而，關上傳說的大門，這也僅僅只是與「多情活佛」有關的傳說之一。

但它卻不是一個普通的傳說。

它是倉央嘉措被人誤會的起因之一。

事實上，在民間傳說裡，達娃卓瑪和仁珍旺姆的名字幾乎在同一時間出現，甚至在有的故事裡，瑪吉阿米也是和達娃卓瑪和仁珍旺姆的名字同時出現的。從表面上來看，瑪吉阿米、達娃卓瑪、仁珍旺姆都曾與倉央嘉措有過情愫，倉央嘉措，似乎真的處處留情，處處被情感傷害。

事情的真相究竟如何？撥開傳說的雲霧，這幾位姑娘，她們到底是不是同一個人？還是倉央嘉措先後曾有過三個情人呢？

謎底，似乎就藏在倉央嘉措的某首詩歌之中：

心頭影事幻重重，化作佳人絕代容。
恰似東山山上月，輕輕走出最高峰。

關於這首詩，于道泉先生的漢語翻譯，似乎比曾緘先生的版本更能向我們揭露某種謎題：

從東山的山尖上，白亮的月兒出來了。
「未生娘」的臉兒，在心中已漸漸地顯現。

于道泉先生的原注：「未生娘」是藏文譯音ma-skyes-a-ma一詞，原為「少女」之意。

將兩位先生的詩歌版本進行對比，我們很輕鬆的便能發現，這兩個詩歌版本雖然一個格律嚴格，一個直白自由，但內容上完全一樣。其中的區別是，曾緘先生把ma-skyes-a-ma意譯為佳人，而于道泉先生卻將其直譯為「未生娘」。

然而，奇怪的是，ma-skyes-a-ma在藏文中卻並不是一個常用詞，更不是藏語中「少女」的常見表達方法。並且，于道泉先生也並沒有將其直譯成「少女」，而是謹慎保守地用直譯的方法造出了一個很難理解的「未生娘」。于道泉先生為什麼要這麼做？「未生娘」是不是還隱含有其他的意思呢？

要弄清楚這個問題，我們首先要知道，「未生娘」這個讓人難以琢磨的詞語，在流傳的過程中其實發生了兩種變化。

第一種變化是將「未生娘」改為「未嫁娘」，我們可以將其理解為還未出嫁的少女。而第二種變化則有趣得多。如果不用「未生娘」這樣生硬的直譯法，也不將其翻譯為「少女」，「佳人」，而是直接採用音譯的方式，會出現什麼情況？

出現了「瑪吉阿米」——民間傳說中倉央嘉措情人的名字。

那麼，「瑪吉阿米」的真正含義究竟是什麼呢？她真的是倉央嘉措隱藏已久的心上人嗎？還是倉央嘉措在孤苦的日子裡，創造出來的愛情傳說？

在倉央嘉措的原作中，「瑪吉阿米」是一個新造詞。詩人一般在寫詩的時候，都喜歡自典故中摘取辭彙，不到萬不得已，是不會自創詞語的。不過，當我們將「瑪吉阿米」的音譯ma-skyse-a-ma拆分之後，發現它是由數個完全不同的詞語組成。「a-ma」是藏語中「媽媽」的介詞形式，而「ma-skyes」的意思則有兩個，一是「未生」，另一個是「未染」。「未染」，其實就是聖潔純真的意思，而「未生」，解釋起來則有些複雜。「ma-skyes」這個詞同時也是組合詞，在「生育」，「生養」一詞前面有個否定副詞，既可以翻譯為「未生」，也可翻譯為「不是親生。」那麼，ma-skyes-a-ma還有另一層意義，即「不是親生的媽媽」。

那麼，這個詞也就因此而產生了歧義。如果我們採用「未染」這層意義，ma-skyes-a-ma可以表示聖潔的母親，純潔的少女。如果繼續引申下去，還可以表示「純潔的夢」。

如果是基於這種解釋，那麼這首詩，看起來就是在訴說苦苦相思的情詩，但這個少女，卻不一定叫做「瑪吉阿米」，因為，「瑪吉阿米」未必既是這個少女的名字，又暗指「純潔少女」。

不過，如果我們認為這首詩是倉央嘉措在思念他的心上人，那又有一件事說不通了。藏語中並不缺乏「少女」的形容詞，並且，藏語裡有更多優美的詞語，比「瑪吉阿米」更加通順優美，完全不需要作者再創造出一個「瑪吉阿米」來表達心中的感念。

由此看來，才情卓著的倉央嘉措，其本意根本不是想表達自己思念少女，他的詩歌通俗樸實，不

會創造新的生澀的，難以理解的詞語，更不會在個別詞語上堆砌辭藻。那麼，關於「瑪吉阿米」這個詞，我們就只能從「不是親生的媽媽」這個層面理解了。

是不是很令人失望？一番剖析之後，「瑪吉阿米」從倉央嘉措的初戀情人，搖身一變，變為了「不是親生的媽媽」。

我突然比往先更加好奇了，倉央嘉措，你真正想要表達的，究竟是什麼呢？究竟，「瑪吉阿米」指的是一個人，還是你在暗喻一些無可告人的事呢？

「瑪吉阿米」的真正所指，會是那個親手將你推上活佛的寶座，又間接害你跌入深淵的桑結嘉措嗎？

回想你的身世，這實在不得不讓人浮想聯翩。在桑結嘉措到來之前，你原本只是遙遠山區裡一個普通得不能再普通的孩子。

如果不是那一天，桑結嘉措突然出現在你家，你會不會也和許許多多的普通人一樣，一直放羊，將自己大部分收入都供給寺院，然後娶一個妻子，生一群孩子，接著平淡的過完一生。

然而，當那個男人出現在你面前時，一切，都被改變了。你的命運，你家人的命運。

一夜之間，你被奉為轉世靈童。一夜之間，你成為全西藏最神聖的精神領袖，此前，你只是一個窮家的放羊孩。

你的雙手不再把持羊鞭，你的雙親不再在乾旱的季節挨餓；你從此披上溫暖的華裘，你的弟弟妹妹，也從此不再衣衫襤褸。

但這一切，不是白得的。你必須，拿你一生的情欲去換取，你一生的自由，也必將牢牢攥在那個男人的手中。自此，你的愛缺失了一半，你不能去愛，只能被愛，只能被信徒所愛。

你，沒有選擇，這是你的宿命。

桑結嘉措，你恨他？還是謝謝他？

如若你詩中的「瑪吉阿米」真的是他，你想說，他如後母般待你不公，還是想說，他如一位新的母親一般，給了你涅槃重生的機會？

倉央嘉措，你究竟，想說什麼呢？

但無論如何，從倉央嘉措的身分來說，「瑪吉阿米」都絕對不會是指一位少女的名字，更不會是他初戀情人的名字。

從情理上來說，自從兩歲來到錯那宗，倉央嘉措一直是受到嚴格的宗教教育。所以傳說的中瑪吉阿米其實很有可能是後人進行附會的。一六九七年，他動身前往拉薩，活佛身分被公開，不可能再戀愛了。而一六九七年他只有十五歲。任誰都無法相信一個十五歲的小朋友在一個處處是佛學的氛圍裡會去談一場曠日持久的戀愛。

所以，瑪吉阿米只是人們無法理解這首詩歌的情況下，對ma-skyes-a-ma的音譯。瑪吉阿米，也許真的只是人們對倉央嘉措的傳奇人生又杜撰的美麗一筆。為的是讓他的身世變得更傳奇，他的故事更動人，他的經歷更讓人揪心。

可是，在三百多年的情愛傳說中，倉央嘉措，莫非真的就沒有一個隱匿在心的愛人嗎？他的心，真的就完全被寺廟和佛祖佔滿了嗎？

他的愛人，真的會如同傳說所說，是美麗大方的達娃卓瑪嗎？

如果不找到一些與傳說相符的證據，倉央嘉措的痴迷者們，你是不是，多少都會心有不甘呢？我發誓，這一次，我們找到了一些蛛絲馬跡，絕對不會讓你失望。

在一些文學的描述中，倉央嘉措曾化名為宕桑旺波，和拉薩的青年男女們一起嬉戲遊樂。他為了邀請他的朋友，在布達拉宮後花園裡的湖中小島建築了一座精美的樓閣，名叫龍王潭。這也就是《列隆吉仲日記》中所記載的「歌舞遊宴」。在這裡，倉央嘉措經常邀請他的朋友們唱歌跳舞飲酒狂歡，而他自己，則即興創作情歌，並讓大家演唱。

在宴會上，他遇見了達娃卓瑪。達娃卓瑪美妙的歌聲和動人的外貌吸引了倉央嘉措渴望自由的心。

此外，倉央嘉措的許多詩歌看上去都描寫的是他與達娃卓瑪的故事。比如達娃卓瑪來自瓊結。而倉央嘉措就寫過這樣一首詩歌：

拉薩遊女漫如雲，瓊結佳人獨秀群，
我向此中求伴侶，最先屬意便為君。

這裡的「瓊結佳人」指的就是達娃卓瑪。他也寫了一些詩歌描寫與達娃卓瑪的戀愛故事。比如：

少年浪跡愛章台，性命唯堪寄酒杯，
傳語當壚諸女伴，卿如不死定常來。

自從和達娃卓瑪相識以後，他便經常與她在拉薩的酒肆碰頭會面。而這裡所說的「當壚女」其實就是指的是達娃卓瑪。

而和達娃卓瑪的私會被人發現了以後，倉央嘉措也寫了許多首詩歌表達出了自己的不滿情緒。

龍鍾黃犬老多髭，鎮日司閽仗爾才，

莫道夜深吾出去，莫言破曉我歸來。

這裡倉央嘉措所說的事情就是指他「深夜與達娃卓瑪幽會，清晨再回來」一事。我們可以說，在能夠被確認為倉央嘉措所作詩歌中絕大部分情歌都是寫給達娃卓瑪的。

然而，除了這些情歌外，我們再也無法在歷史的塵埃中找到有關達娃卓瑪的任何資料。她究竟是真的曾立於倉央嘉措的眼前，並讓他荒疏佛學，整日痴迷於人間的情愫，還是倉央嘉措在百無聊賴的孤苦之中自己創造出的影像，我們都不得而知。

我們現在唯一可以感受到的是，倉央嘉措的情感，早已追隨歷史的烽煙，被埋葬在布達拉宮神聖莊嚴的宮牆之下，留給我們的，只是一個個迴盪在雪域上空的神秘傳說。

三、他的神秘死亡之謎

時間，大概是世上最殘忍的劊子手，它走過的每一寸土地，柔情，被碾成了碎片，才華，被斬成了塵埃。倉央嘉措，這個全西藏最有爭議的才子，最有魅力的活佛，也逃不過時間的追逐，最終消逝在了歷史的塵埃。

然而，奪目的光環，即便在他離去，也久久無法消散。在他死後的四百多年裡，關於他的逝去，世間流傳了各種說法。

他究竟，如何離去。

是自盡？是謀殺？還是浪跡天涯，最終由圓寂於雪域神山的某個腳下？

按照正史記載，倉央嘉措於一七〇六年被押解進京的途中，病逝於青海湖畔，時年二四。

事實果真如此嗎？倉央嘉措，果真帶著他年輕的生命，輕飄飄，如雪域裡的一股輕煙般離去嗎？

愛戴他的人們，幾乎沒人願意相信這個事實。

我也不願相信，光環如此炫目的一個年輕詩人，一個如此被上天垂愛的才子達賴，就這樣輕飄

飄，毫無一絲分量的被病魔帶走。這豈止是殘酷，更是歷史的冷酷。

但死亡，卻仍是被人們最廣為採用的說法。但對於這樣一位傳奇人物的逝去，死亡的原因，也開始變得眾說紛紜。

正史上記載，倉央嘉措於一七〇六年死於青海湖畔。但他究竟是如何死的，卻有數個完全不同的版本。

自殺，是傳聞之一。

現在，青海湖地方有一個民俗活動，當地的藏族同胞傳說倉央嘉措跳河自盡，並每年都會向湖中拋食物用來紀念他。

這個傳說到和屈原投江的故事非常相像。但倉央嘉措，畢竟不是屈原，他有才，又是佛教徒，儘管拉藏汗說他是「假達賴」，但康熙皇帝卻並沒有直接定罪，他實在沒有自殺的動機。更何況，屈原投湖自盡尚且有《懷沙》為憑，而倉央嘉措的自殺可就真的一點理論支撐都沒有了。

我們找不到任何一個可以使他自盡的理由。

不過，這個民俗的形成很有可能和另外一種說法「病逝說」有關。這個說法認為，倉央嘉措病逝後，和碩特蒙古人將他的屍骸拋棄掉，青海湖畔的人民認為他們把倉央嘉措的屍體丟進了湖水中，因此每年往湖中投食物祭奠。這是因為，活佛是非常尊貴的，而倉央嘉措的命運又是如此令人扼腕嘆息，所以無法接受他英年早逝的事實，進而把病逝說改造成更加充滿文學悲劇色彩的「自殺說」。

但即便當時的官方文件昭告天下，說倉央嘉措已然逝去，這個說法，卻依然疑點重重。因為，我們不但沒有發現更加詳細的，記錄倉央嘉措死亡的證據，反倒在一些不經意的地方，看到了他生的希望。

歷史記載，未必沒有錯過。

生，還是死，真的只是字裡行間的差別。

密傳《琵琶音》裡有這麼一段記載：

「於火豬年當法王（即倉央嘉措）二十五歲時，被請往內地……」

「次第行至東如措納時，皇帝詔諭嚴厲，眾人聞旨，惶恐已極。擔心性命難保，無有良策以對。於是異口同聲對我（倉央嘉措）懇求道：『您已獲自主，能現仙逝狀或將形體隱去。若不如此，則我等勢必被斬首。』求告再三。倉央嘉措無限悲傷，話別之後，遽然上路，朝東南方向而去……此後，他經打箭爐至內地的峨眉山等地去朝山拜佛。然後，又到前後藏、印度、尼泊爾、甘肅、五臺山、青海、蒙古等地雲遊，講經說法，廣結善緣，創下無窮精妙業績。」

這段記載，猶如久旱甘露，讓追尋他生的傳言的人們，有了一絲期望。

不僅如此，《倉央嘉措秘傳》中，也同樣寫到，倉央嘉措並沒有逝去，而是被人偷偷故意放走。書中提到，倉央嘉措有可能和看守他的蒙古人談條件，蒙古人接受倉央嘉措的條件交換，放走他，並對外宣稱活佛病故。

這個記載有多少漏洞，比如說，為什麼得知「假達賴」病故之後，康熙皇帝沒有繼續追求原因，而是接受了這個事實，並沒有繼續追查下去呢？比如說，倉央嘉措真的成功出逃，他又究竟去了哪裡？

據《倉央嘉措密傳》記載，倉央嘉措成功出逃後，一直向東南方向行走，並遊離了很多地方，甚至去過尼泊爾和印度，最後在內蒙古的阿拉善圓寂。

然而，這本「密傳」的可信度有多高，卻始終都沒人說得出個所以然。

但對於愛戴他的人們，這些始終都是不重要的。

重要的是，對於欽慕倉央嘉措，喜愛倉央嘉措的人們來說，他曾經有過活著的希望，有過活得更加久遠的傳說，至他死後，他的傳聞，比活著更加精彩，這，就夠了。

第二章　此身似歷茫茫海

——倉央嘉措生平

倉央嘉措，是門巴族貧窮的小男孩，倉央嘉措，是史上最為叛逆的達賴，倉央嘉措，更是布達拉宮最為悲情的活佛。「倉央嘉措」四個字，意味著神秘，更意味著傳奇。

他的名字，曾越過高原最高的雪峰，並響徹雪域大地；他的名字，曾伴隨太陽的升起，鐫刻在佛陀忠實的弟子心中；他的名字，曾被視為情郎的化身，走下布達拉宮，穿梭在拉薩的市井小巷，穿梭在年輕姑娘們的夢中；他的名字，曾消逝在青海湖畔，並隨著縷縷傳說，重生在愛他的人們的心中。

倉央嘉措，這個史上最悲情的達賴，在他短暫的一生裡，究竟發生了什麼？他的命運，究竟是一場怎樣的悲劇奏鳴曲？它們又是以怎樣的旋律謝幕的呢？

一、五世達賴羅桑嘉措

如果說，一個人今生所遭受的罪孽，都是為了消去他前世的所造的業，倉央嘉措的前世，會否孽緣太多了呢？

但羅桑嘉措看上去，卻顯然不是這樣的人。

他不但不是這樣的人，還為西藏這片聖潔的土地，做出了常人無法想像的貢獻。

倉央嘉措，你一生的坎坷和悲劇，究竟又從何而來呢？

羅桑嘉措，究竟是你的福澤，還是前生孽緣？

羅桑嘉措，你又究竟，是否歷盡千劫，輪迴成今生的倉央嘉措呢？

讓我們翻開歷史的書頁，揭開這一令人困惑的答案吧。

在歷史記載中，五世達賴羅桑嘉措在西藏宗教，文化上都有極高聲望。

一六一七年，羅桑嘉措出生於山南世家。他自小便很聰明，又接受了良好的教育，在很小的時候就顯露出了非凡的才華。

如果說，達賴是西藏最有智慧的聖者，羅桑嘉措的智慧之光，恐怕比高原的太陽還要耀眼。

他，實在是一個神奇的存在。不僅宗教成就非常卓著，在梵文，詩學、曆算、醫藥、佛教哲學方面也都有很深的造詣。至他逝去，光文集就高達三十函，是所有達賴裡面成就最高的一位。並且，羅桑嘉措的弟子眾多，門徒則數以千計。

然而，令人感慨的是，他的成就，實在不僅僅於此。

羅桑嘉措，他是倉央嘉措的前世，也是令他一生不能釋懷的存在。

緣何？

源自無法超越的領袖氣質。羅桑嘉措的領導能力，是倉央嘉措窮極畢生，也無法擁有的能力。

自羅桑嘉措之後，喇嘛們開始成為哲蚌寺和色拉寺的當然寺主，確立了新的教派組織制度。他最卓越的成就，就是將格魯派從一個純粹的宗教組織發展成一個政教組織，在他的主持下，新建了十三所格魯派大寺。並得到了清政府的冊封，為以後西藏政治格局打下了基礎。並且，赫赫有名的布達拉宮的擴建，也是在他的主持下開展的。

但即使是太陽，也會害怕烏雲，即使是雪域最高的巔峰，也無法擺脫終年不化的冰雪。羅桑嘉措即使耗盡心血，建立屬於格魯派的政權，他也無法成為整個西藏的太陽。

他也有令人戰慄的敵人，他無法完全掃除這個敵人，無論是今生，或是來世。

格魯派的政治強敵就是噶瑪噶舉教派。在羅桑嘉措的時代，格魯派並不是西藏最強的教派，格魯派也有支持它的地方勢力，叫做帕竹政權，而此時，帕竹勢力正逐漸沒落，同時支持噶瑪噶舉的藏巴汗勢力卻在逐漸壯大。

當羅桑嘉措還是靈童的時候，發生了這樣一件事情，這件事對羅桑嘉措坐上達賴的位置，起了關鍵性的作用。一六三〇年，紅教的藏巴汗利用地方勢力內訌的機會，藉機發動對黃教的洗劫性打擊。幼小的羅桑嘉措不得不暫時躲避在山南。

為了擺脫藏巴汗政權對整個西藏的操控，西藏方面謀劃利用藏巴汗政權與蒙古軍隊的矛盾，派人進入青海，與駐青海的蒙古軍隊統帥固始汗打成協議。蒙古軍隊進入西藏，推翻了噶瑪地方政權。並擁立羅桑嘉措建立了噶丹頗章政權。

然而，擁有美好願望的人們雖然趕走了餓狼，卻不小心打開了房門，讓蒙古獅子闖了進來。西藏政權隨後落入了蒙古人的手裡。此時，羅桑嘉措充分發揮了他的政治天賦，他趁著格魯派在西藏的經濟和宗教地位穩固之後，開始謀求自己獨立的政治地位，並將其作為自己最重要的目標。

然而，要實現這一政治目標何其容易，因為要實現這個目標，首先就必須趕走蒙古人。但趕走蒙古人，談何容易。

聰明的羅桑嘉措想到了滿清政府。在那個律法缺失的年代，唯一能趕走獅子的方法，就是引來一隻黑熊。儘管，這隻黑熊，並不會白白幫他趕走獅子。

一六四二年，羅桑嘉措決定向清政府尋求幫助。

此時，清軍還未入關，政府的首都還在瀋陽。當羅桑嘉措派使者前往瀋陽時，皇太極率領僧侶百官熱情相迎，並親自對天行叩禮。西藏使者在瀋陽整整停留了八個月，受到了皇太極的盛情款待。

兩年後，清軍入關，順治皇帝也覺得，應該利用藏傳佛教在西藏建立政教合一的統治。於是，順治四次派遣使臣前往西藏，並邀請達賴和班禪進京。

一六五二年，羅桑嘉措應順治皇帝邀請，在清政府官員的陪同下啟程前往北京。羅桑嘉措在北京待了兩個多月的時候，並接受了順治皇帝的正式冊封，成為了第一個經過清政府冊封的達賴，並因此鞏固了他在西藏政治地位。而清政府，也藉此機會，在西藏建立起了以達賴喇嘛為中心的政教合一政權——格魯派政權。

順治皇帝

人，似乎永遠無法享盡世間福澤，他們總會在最輝煌的時候離去。羅桑嘉措是活佛，也是人。

一六八二年，羅桑嘉措在布達拉宮病逝，享年六十六歲。多少年之後，不明真相的人們總會以為，當年，他的去

世，會在西藏引起軒然大波。

這是所有人都無法逃避的問題，一輪太陽落山之後，黑夜的降臨，總會帶給人們些許恐懼。

然而，人們猜錯了，那一年，整個雪域異常平靜。

太陽照常升起。

布達拉宮的鐘聲照常響起。

一切，都和羅桑嘉措活著的時候無二。

他，真的圓寂了嗎？

羅桑嘉措圓寂的消息，是在他閉眼之後的第十二年，才被人們所知。在他閉上雙眼的那一年，據布達拉宮的僧侶們說，達賴喇嘛正在閉關修行，一段時間內不公開出來處理政務。

他明明死了，卻要「被活著」，這是一種悲哀，還是一種驕傲？

布達拉宮的僧侶們，又為什麼要這麼做呢？

這既不是悲哀，更不是驕傲。它只是一種無奈，深深的無奈。

導致這種事情發生的原因，是因為格魯派這個政權表面上雖然非常穩固，其實卻暗藏危機。作為清朝在西藏駐軍代表的蒙古軍隊勢力，表面上不干涉西藏的宗教事務，事實上卻為各自的利益明爭暗鬥。這也為後來倉央嘉措的悲劇人生埋下了根源。

羅桑嘉措，就這麼走完了他的一生。是不是在無數次輪迴之中，最有福澤的，永遠都只能一生，再世，再再世，永遠都無法像當初那樣，散盡輝煌。

羅桑嘉措，他是否會想到，在他今生叱吒風雲之後，他的來世，竟會如此教人憐憫，教人憐惜。

美麗的天空之城--拉薩布達拉宮

二、活佛的導師——桑結嘉措

在倉央嘉措的一生中，有一位不得不說的關鍵人物——桑結嘉措。沒有桑結嘉措，就不會有倉央嘉措的存在。不會有他未來無盡的才華，不會有他說不出，道不明的苦悶，不會有他讓人惋惜的命運。

他是影響倉央嘉措一生最關鍵的人。他是一手造就他的人，也是一手毀滅他的人。對倉央嘉措來說，他對他，究竟是愛，還是恨？

桑結嘉措是五世達賴羅桑嘉措的得意弟子，擔任第巴一職。第巴是達賴喇嘛甘丹頗章政府的總執政官。羅桑嘉措去世的消息便是他隱瞞起來的。在匿喪期間，他借五世達賴的名義號令整個西藏，成為實際上的政治領袖。

一六五三年，桑結嘉措出生於拉薩一個大貴族家庭。他的家族與五世達賴的家族關係極為密切。據說，五世達賴十幾歲的時候就經常出入桑結嘉措家族。這個家族為早期格魯派政權的建立立下了許多功勳。桑結嘉措的叔叔赤烈嘉措也曾隨侍過五世達賴，他忠於職守，深得信任。

桑結嘉措與羅桑嘉措的關係，也十分密切。桑結嘉措八歲的時候被送到布達拉宮生活，羅桑嘉措對這個孩子非常喜歡。桑結嘉措在羅桑嘉措身邊的時候，羅桑嘉措親自教了他許多學問，並有意培養他的政治能力，還利用自己的威望提高桑結嘉措的政治地位，他對桑結嘉措，可謂十分疼愛。

然而，也正是這份無盡的疼愛，導致了西藏政權日後的進一步動盪。一六七九年，桑結嘉措接受五世達賴委任，正式承擔管理西藏政務的重任。就任後的桑結嘉措，一心想要完成恩師五世達賴的遺願，並仗著自己在教派中的威望，採取了一連串鞏固西藏政教合一政權的措施。這使得西藏與當時蒙古軍隊之間的矛盾越來越尖銳。

巧合的是，蒙古方面的領袖人物是桑結嘉措的師兄——噶爾丹。當我們熟讀清史的時候，可以看出，噶爾丹，被康熙皇帝列為了頭號敵人。噶爾丹是桑結嘉措的同門師兄，不過，他雖拜五世達賴為師，卻不喜讀佛經，而是喜歡舞槍弄棒，從小就顯示出勃勃的野心。

康熙皇帝的頭號敵人噶爾丹為準噶爾汗的第六位兒子。一六七一年時，他的同母哥哥僧格接替父親成為了大汗。準噶爾汗的另外兩個兒子不滿遺產分配問題，而與他的哥哥起了衝突。最終這種內部衝突演變成兩個利益集團的政變。噶爾丹就此別過了師傅，回到了家鄉，迅速掌握了準噶爾的政權，然而，他天生的野心使他不滿足於準噶爾這塊地盤，他漸漸開始向外擴張了。

在噶爾丹擴展的過程中，康熙皇帝漸漸意識到，這個蒙古人的擴張，很有可能威脅到大清剛剛穩

定的政權，便親自發兵征討噶爾丹。在康熙皇帝親自討伐噶爾丹的時候，一個意外的機會讓他得知，原來五世達賴早已經過世。康熙皇帝聞此消息，非常憤怒，下令立即查辦桑結嘉措。而桑結嘉措的回應是：這實際上是按照五世達賴羅桑嘉措的遺囑辦的。而且，他的轉世靈童已經找到，並且一直受到保護和盡心的撫養，請求中央給予確認。這位靈童，就是倉央嘉措。

三、倉央嘉措的童年

六世達賴倉央嘉措於西元一六八三年正月十六日出生於藏南門隅地區的烏堅林村，傳說中那天有七日同升，黃柱照耀異象，為蓮花生轉世。原籍不丹，屬於門巴族，為家中長子。父母信紅教，即蓮花生大師所創的寧瑪派。

事實上，後世的一些傳說為了塑造他悲劇的人生，故意把他杜撰成一個一出生就沒了父親的苦命孩子，又受到舅舅與姑姑的欺凌。母親隨後遷移至達旺附近的烏堅凌。這其實是完全沒有來由的說法。

這天，桑結嘉措派來尋找靈童的使者來到倉央嘉措的家裡，在經過一連串的驗證後，他們認定，這個小孩，就是五世達賴羅桑嘉措的轉世靈童。他們說服了他的母親將他送入寺廟學習。

倉央嘉措自小家境貧寒，撫養孩子對倉央嘉措的母親來說非常不容易。當聽到這樣的提議時，她非常開心，立即安排倉央嘉措跟著使者一起走。從此，倉央嘉措告別了他的家人，跟著幾位僧人來到措那宗的寺院裡居住。六歲時候，有六位學問高深的僧人擔任他的教師，從此他開始了枯燥的學經生

倉央嘉措 像

活。而這一切都在暗中進行。沒有人知道，據說在布達拉宮閉關清修的五世達賴，事實上已經去世了十五年。

或許，對倉央嘉措的母親來說，這真是一個天大的喜訊。但對倉央嘉措來說，卻似乎是噩夢的開始。

活佛，高高在上，受人尊敬，受人崇拜。

但活佛，卻始終帶了個佛字，當了活佛，又豈可再過常人的生活？

這或許就是倉央嘉措苦難的源泉。

他不能和同齡人一樣到廣袤的草原上策馬揚鞭，不能和小朋友們一起嬉戲玩耍，他每天要面對的就是面無表情的師傅們和永遠讀不完的經書。這對他性格的形成有重大的影響。終日過著與世隔絕的日子，他漸漸變得軟弱、孤獨。而和其他一輩子都待在布達拉宮的達賴相比，他又保留著原有的天性。

活佛要學習的東西非常多，除了佛經之外，還要學習各種知識。其中有一門課叫做「聲明」。使用的教材是一本叫做《詩境》的書。這是一本成書於十三世紀古代印度的一本文藝理論著作。對後世的詩歌創作產生了很深遠的影響。

這是一本講解詩歌創作的書，給倉央嘉措的一生造成了巨大的影響。由於這本書，倉央嘉措創作了許多膾炙人口的詩歌。而更讓人驚奇的是，後人再次提到他的名字時候，用的是詩人的身分，而不是六世達賴的頭銜。

四、真假活佛

當桑結嘉措找到倉央嘉措時，一個玄妙的循環就此開始了。

對於桑結嘉措來說，羅桑嘉措是他的師傅，羅桑嘉措的來世，是他的徒弟。尋找師傅的來世，是他義不容辭的使命，無法成就師傅的來世，卻是他難以言語的苦衷。

這裡的關鍵是，倉央嘉措，真的是羅桑嘉措的再世靈童嗎？前生與今生，真的會有如此眾多不同嗎？

這就要從五世達賴逝世之後的事情說起了。我們還是先從正史中尋找答案吧。

正史中這樣記載道：

一六八二年初，當五世達賴羅桑嘉措與世長辭之時，他的親信弟子桑結嘉措為了能夠繼續掌管格魯派的教務，對五世達賴去世的消息秘不發喪。這一瞞，就瞞了十五年。一六九六年，康熙皇帝偶爾得知五世達賴已去世十五年，卻遲遲沒有接班人出現，他對此十分憤怒。桑結嘉措見事情敗露，只得向康熙認錯，並派人加緊尋找五世達賴的轉世靈童。

活佛，漢語中的藏傳佛教術語，為藏傳佛教地區轉世修行者的稱謂。在蒙藏語中，沒有相對應的稱謂。藏地稱為祖古；蒙語稱呼圖克圖。活佛或法王的稱號事實上是起源於漢族，而不是來自於藏傳佛教的傳統。

終於，在一六九七年，桑結嘉措找到了一個十五歲的少年，並於當年將他選定為五世達賴的轉世靈童，這個少年，就是倉央嘉措。

問題的疑點出現了。

倉央嘉措，究竟是靈童再世？還是桑結嘉措為了鞏固自己的政權，臨時找來的傀儡呢？

對倉央嘉措活佛身分提出懷疑的第一個人是當時倉央嘉措的政治敵人——拉藏汗。拉藏汗向康熙皇帝請奏，說倉央嘉措「耽於酒色，不守清規」，是「假活佛」，請予廢立。康熙皇帝看完奏摺，龍顏大怒，同意了拉藏汗的請求，並讓他們將倉央嘉措解送北京，要當面廢黜他。

拉藏汗的請奏也引起了整個中國西部地區極大的一次騷亂。倉央嘉措，似乎遭受到了生平最大的災難。坐上活佛的寶座，未必是他真正的本意，而他，卻要為這樁天大的「喜訊」付出代價。西藏的疆域如此廣闊，西藏的歷史如此悠久，可否有一個達賴喇嘛，如他這般？如他這般不同，如他這般無力，如他這般受人冤枉。

問題是，倉央嘉措，你是真正的達賴喇嘛嗎？

達賴，是人們對西藏最高宗教領袖的尊稱。主要靠轉世來傳位。要驗證倉央嘉措是不是六世達賴，那麼就要驗證倉央嘉措是否為五世達賴的轉世靈童。那麼，這神秘的轉世又如何驗證呢？

據說，當年，五世達賴一死，桑結嘉措就帶著五世達賴的靈物找到倉央嘉措，這個小男孩一見到五世達賴的印章，顯得十分開心，他對桑結嘉措說：「這是我的東西。」然而，光憑一次辨認是無法確定「靈童」身分的。桑結嘉措便又派人帶了許多五世達賴的生活用品去見倉央嘉措，結果，倉央嘉措能準確地認出這些物品，並能說出它們的名字和用途。

這些證據似乎都能證明倉央嘉措是五世達賴的轉世靈童，但他卻並沒有馬上被指認為五世達賴的轉世靈童。第一個疑點出現了。因為，在此之前的所有達賴在去世以後，靈童都會公開化尋找。而倉央嘉措的達賴身分卻直到五世達賴去世後十多年以後才被公開。

桑結嘉措不惜惹怒康熙，也要隱瞞這個秘密，這究竟又是為了什麼呢？

再者，五世達賴羅桑嘉措死於一六八二年，而倉央嘉措六世達賴的身分公開於一六九六年。這其中十四年，倉央嘉措到底生活在哪裡？他在做什麼？他和誰在一起生活？如果不是康熙皇帝親征噶爾丹，從俘虜口中獲知五世達賴去世的消息，也許這個秘密永遠不會被人知道。

當康熙皇帝在盛怒之下追問時，桑結嘉措也依然堅持向康熙皇帝說，五世達賴的死訊隱匿不發，是出於尊重五世達賴的遺願，其實，六世靈童早已經找到，已經培養了整整十多年了。

有人因此斷言，這一切都是桑結嘉措為了實現自己的權力野心而編造的謊言，倉央嘉措，根本就是桑結嘉措找來圖謀權力的傀儡達賴。

但這個說法卻未免武斷。桑結嘉措有權力野心不假，但是因此認為他選定的就不是靈童卻並不合理。

按照桑結嘉措自己的說法，他為了尊重五世達賴的遺願而隱瞞他去世的消息，這個說法看似不太合理，但也不無一定道理。因為，如此重大的決定於整個西藏都是至關重要的。如果明目張膽行事，當然有違「隱匿」的初衷，一旦謊言被揭穿，不僅整個西藏政局大變，更會使自己成為眾矢之的。桑結嘉措是否有必要冒著如此大的危險，來獲得短短幾十年的權力虛名呢？畢竟，達賴才是整個西藏的權力中心，而桑結嘉措自己，是無論如何都不可能站上這個中心位置的。

與此同時，另一些史實資料顯示，五世達賴去世之後，倉央嘉措以靈童的身分，一直進行著佛學的學習。

當桑結嘉措的手下來到倉央嘉措的家裡時，倉央嘉措還只是個小男孩，當他的父母得知兒子是轉世靈童之後，他們一家便從烏堅林遷居夏沃的措那宗。在此期間，倉央嘉措的父母按照習俗，並不能和他生活在一起，和他生活在一起的，是桑結嘉措的手下，曲吉和多巴，還有另外兩名侍從。

倉央嘉措是門巴族，本不懂藏語，曲吉和多巴負責教會倉央嘉措藏語和其他學問。到了一六九〇年，桑結嘉措親自挑選了幾位學問高深的高僧擔當倉央嘉措的經師，並在當地的巴桑寺中，讓他正式學習佛法。

此時，出現了另一個證據，證明倉央嘉措小時候曾接受過佛學教育。靈童在學習的過程中，要學習「佛學五明」，「佛學五明」為古印度的五門學科，概括了當時所有的知識體系。此所謂五明為「聲明」、「因明」、「醫方明」、「工巧明」、「內明」。而「聲明」是一門教人寫作的學科，主要教材為古印度的文藝理論著作《詩境》。後來，從《倉央嘉措情歌全集》的許多詩歌中，我們可以看出他的創作手法深受《詩境》的影響。這完全可以證明，就是從這門課開始，才造就了倉央嘉措詩人的盛名。

除此之外，在五世班禪的自傳中，也曾清晰地記載了教授六世達賴的情形：

倉央嘉措皆不首肯，決然站起身來走出去，從日光殿外向我三叩首，說：「違背上師之命，實在感愧。」把這兩句話交替說著而去。當時弄得我束手無策。以後又多次呈書，懇切陳詞，但仍無效驗。（倉央嘉措）反而說：「若是不能交回以前所受出家戒及沙彌戒，我將面向札什倫布寺而自殺，二者當中，請擇其一，清楚示知。」休說受比丘戒，就連原先受的出家戒也無法阻擋連帶地拋棄了。最後，以我為首的眾人皆請求其不要換穿俗人服裝，受比丘戒，再轉法輪。但終無效應。

再者，在學經的過程中，倉央嘉措也留下了幾部宗教作品。比如《色拉寺大法會供茶如白蓮所贊根本及釋文》、《馬頭觀音供養法及成就訣》。這些作品都有力地證明倉央嘉措在他的童年時期學習了許多佛學著作，並不是一個被桑結嘉措臨時拉來搪塞康熙皇帝的「假達賴」。也充分證明了，在不為世人所知的那十幾年裡，倉央嘉措終日和自己的師傅們相處，面對青燈古佛，過著日復一日枯燥的生活。

從以上三個事實我們就能知道，在公開倉央嘉措達賴身分之前的十幾年裡，桑結嘉措一直在努力地培養他，希望他能成為一個如五世達賴一樣知識廣博，雄才偉略的人物。他絕不是桑結嘉措為了搪塞康熙皇帝而臨時拉來圓場的人物。

五、活佛的「墮落」

倉央嘉措的活佛身分既然是真的，那麼，拉藏汗口中的那個「耽於酒色，不守清規」的倉央嘉措又是怎麼一回事呢？佛法講究清靜無為，一個行為如此「放蕩不檢」的人怎麼又能被稱為「活佛」呢？

查閱了種種史料之後，我們發現，記載了倉央嘉措私生活不檢點的史料主要是以下幾種。

第一個是《列隆吉仲日記》中的記載。這個記載大意如下：「倉央嘉措在布達拉宮內身穿綢緞便裝，手戴戒指，頭蓄長髮，醉心歌舞遊宴。」這個「列隆吉仲」到底是誰？他說的話又有幾分可信呢？首先，日記中說，「倉央嘉措在布達拉宮內身穿綢緞便裝……」這一句就有著充分的疑點。布達拉宮中處處是西藏政治與宗教的高層人物，倉央嘉措的一言一行都盡收眼底，桑結嘉措對倉央嘉措更是關心備至。如此分析，即便倉央嘉措再年少輕狂，他也絕沒有勇氣明目張膽地在布達拉宮內穿便裝，蓄頭髮，甚至歌舞遊宴。

而第二個記載此事的史料是拉藏汗的奏報。這個就更沒有說服力了，拉藏汗是倉央嘉措的政敵，而且當時的情況下拉藏汗明顯是想借康熙的手殺死倉央嘉措。所以，所謂的「耽於酒色，不守清規」

並不能完全使人相信。

第三個記載，則來自於桑結嘉措給五世班禪的一封信，信中大意是，活佛最近不是很喜愛佛學，外又有傳言說他愛好遊樂，請大師多加教導。同時，在五世班禪的自傳中也記錄了這樣一件事，倉央嘉措生活懶散，不喜佛學，桑結嘉措曾經反覆規勸過他，甚至督促他身邊的人對他嚴格管教，並按照約定，安排倉央嘉措去日喀則的札什倫布寺受比丘戒。

但這也不能證明倉央嘉措生活放蕩，最多只能說明，他雖然一直在學習佛法，卻始終不肯接受比丘戒。問題是，不肯接受比丘戒和生活放蕩是沒有任何必然的邏輯聯繫的。

他是一個孩子，他由一個民間最底層的孩子，變成了一個萬人敬仰的活佛。他的心，還停留在花花世界的諸多色彩中，而他的眼睛，卻不得不只盯著色彩單一的佛像。

他不是不愛學習。

他不是不愛成為萬民敬仰的活佛。

他只是無力，無力面對自己的命運，無力面對命運帶來的種種改變。

從前，他唯一能做的，就是面對青燈，夜夜學習。

現在，他卻連翻閱書籍的力氣都沒有了。

在生活上，他遠離人群。每天與他的老師們相處，讀的全部都是「無我相，無人相，無壽者相」

的佛經。雖然他們都尊重敬愛他，但是卻沒有人能真正理解他，沒有人能從一個普通朋友的身分與他相處。

久而久之，他的性格就變得孤僻叛逆。加之在宗教與政治上又無法取得建樹，年輕的倉央嘉措顯示出自己急躁的一面，變得厭學，懶散，不思進取。

從任何一個少年的成長經歷來看，這都是必然的。必然會叛逆，必然會消沉，必然，會變得讓人驚詫萬分。

如果說，達賴是一世一世轉世、傳承的結果，那倉央嘉措的前世們，實在比他要幸運得太多。

一個人太過幸運，他的來世，是不是一定就會遭遇不幸呢？

一般來說，靈童一旦被找到，身分就會公開。從此之後，他就要在布達拉宮嚴格地接受系統的佛教理論，學習佛法，然後為人開壇講經等。而倉央嘉措的人生，卻沒有依照這樣的常規。

依靠五世達賴的努力，格魯派建立了甘丹頗章政權，格魯派成為一個政教合一的組織。達賴既是最高的宗教領袖，也是最高的政治領袖，是整個西藏唯一擁有無上榮耀的人。

然而，倉央嘉措雖然是活佛，卻徒有活佛的名分，卻無活佛的實權。

無論是在宗教上還是在政治上，倉央嘉措都沒有權威。

而另一件令他「墮落」的緣由，是由於倉央嘉措的活佛身分直到十幾歲才被公開，之前他主要在措那宗學習，雖然說他也一直受到桑結嘉措的精心培育，但是和遠離民間，不問塵囂的布達拉宮相比，措那宗的宗教氛圍肯定沒有布達拉宮好。其他活佛從四歲就開始學習的東西，而倉央嘉措在十幾歲才開始學習。這顯然耽誤了倉央嘉措的學習進度。

另外，佛學造詣和年齡也是分不開的。倉央嘉措在正史裡二十多歲就英年早逝，而五世達賴可謂壽終正寢。與之相比的是在當時的政治情況下，桑結嘉措極需要倉央嘉措有著和五世達賴一樣權威的氣質，能夠統一率領西藏，建立一個真正獨立的政權。這就要求倉央嘉措有著非常高的宗教造詣。可他畢竟還年輕，並且過去的日子裡他的學習步伐也比其他達賴晚了一步，倉央嘉措根本不能達到桑結嘉措的期望，這就是矛盾所在。

這一切的一切，導致了倉央嘉措的宗教造詣並不能和五世達賴相提並論。

這不知是不是一種悲哀。

羅桑嘉措，成為了倉央嘉措最為崇拜的前世，卻也成為了阻擋倉央嘉措心靈成長的最大障礙。

因為，羅桑嘉措太強大，他既有博大精深的宗教修養，又有宏才偉略的政治才能。他享盡了倉央嘉措的所有福澤，留下的，只是令人嘆息的，無力改變的命運。

他前生所造的成就，他的今生，無法超越。

作為一個十幾歲的孩子，倉央嘉措上了人生第一課，他第一次感受到強大的孤獨。

他發現原來這個世界上有很多事情是自己辦不到的，他感覺到自己的渺小和軟弱。所以他選擇了逃避。產生了厭倦的情緒。

如果說，這也是一種墮落，那也是所有人都會擁有的一種墮落。

他是活佛，卻始終擺脫不了人的皮囊。

六、悲劇的命運

在這個殘酷的時空中，再美好的想像，也敵不過現實的撕扯；再美好的願望，也敵不過歷史的真相。

倉央嘉措，無論你有多麼愛他，敬他，都無法改變他那悲慘的命運。無論你如何的不肯承認，都無法扭轉他一生的抑鬱。

真相永遠殘酷，真相永遠不可逆轉。

一六九六年，清康熙皇帝遠征準噶爾。倉央嘉措的悲劇人生，序幕從此完全拉開。

次年春天，康熙皇帝平定準噶爾叛亂後，從俘獲的人中得到一個消息，五世達賴羅桑嘉措已去世多年，第巴（藏語「第巴」意為西藏最高行政官員）桑結嘉措卻始終隱匿不報。

康熙皇帝非常震怒，他不僅下詔嚴厲斥責，甚至準備要發兵征伐西藏，以示問罪。

此時，桑結嘉措迫於政治壓力，一邊加緊與五世班禪謀劃，公開倉央嘉措轉世靈童身分，一邊派遣使者奏報清朝政府，申辯匿喪不發只是為了西藏政局穩定，此是遵五世達賴的遺囑。

大清聖祖仁皇帝（1654年－1722年），姓愛新覺羅，名玄燁，清朝第四代君主，年號「康熙」，康，安寧；熙，興盛－－取萬民康寧、天下熙盛的意思。史稱「康熙皇帝」。

康熙皇帝思索良久，覺得清政府因連年征戰，實在已疲於戰爭。出於穩定政局，他不再追究這件事，並派遣了使臣章嘉忽圖克圖參加了六世達賴坐床大典，並賞賜了許多金銀珠寶和法器。

同年的秋季，桑結嘉措派出的使者將少年倉央嘉措迎至聶唐的浪卡子縣，在那裡，倉央嘉措從五世達賴班禪洛桑益西受戒，並領受密宗灌頂。十月，西藏舉行了盛大的坐床典禮，向人們正式公開了倉央嘉措六世達賴的身分。

善良的人們以為，新的達賴已經來臨，活佛依然會庇佑他們，倉央嘉措，也會像他的前世一樣，將光輝灑滿雪域大地。

他們錯了。

驚濤總發生在最為平靜的海域，暗流比大浪更為驚險。

坐床後，倉央嘉措卻並未參與政事，因為，按照活佛轉世的規定，轉世靈童要年滿十八歲才能親自主持政事，這之前，西藏政務要由第巴和在世的班禪共同處理。事實上，在這一場激烈的政治鬥爭裡，倉央嘉措始終只是暗流之中的一個棋子，一個身分顯赫的棋子。

為了培養出一個出色的「宗教領袖」，桑結嘉措對倉央嘉措的教育十分重視。他很清楚，當歷史上的其他轉世靈童從四、五歲就開始坐床，接受正式的活佛教育時，倉央嘉措因為身分不能公開，已經沾染了許多民間的性格。

桑結嘉措心裡明白，他至少要用三年的時間，將這個在民間成長的野孩子迅速馴服為人們心目中莊嚴的六世達賴，成為像五世達賴一樣宗教政治都極有建樹的偉大領袖。他指派了多位上師，嚴格督促倉央嘉措的學習。

然而，欲速則不達，是古訓，也是令許多智者一錯再錯的陷阱。

《六世達賴喇嘛秘傳》裡有這樣一段記載：

那時我正年少，少不更事，講法時常常坐不住，走來走去，不合聽經之規矩。每當這時候，我那皤髮皓首的經師總是站起來規勸道：「您聖明！勞駕！請別這樣，請坐下來好好聽。」每當他這樣雙手合十規勸我的時候，我也就乖乖地坐下來。師父坐到我面前，繼續講解未完的功課。

雖然《六世達賴喇嘛秘傳》有許多誇張的描述，然而這段話估計卻並沒有任何歪曲。在民間待了太久的倉央嘉措，骨子裡已經再難如其他活佛一樣，一心只鑽研佛法了。

然而，為了使得上師五世班禪免受桑結嘉措的懲罰，善良的倉央嘉措只好每天過著誦經讀法的日子。就這樣，三年過去了。倉央嘉措十八歲了。十八歲便是倉央嘉措可以親政的年齡。此時，他期待著如同嚴父恩師的桑結嘉措將權力交到他的手裡。

但命運卻又一次捉弄了他，他又等待了兩年，桑結嘉措卻始終毫無動靜，倉央嘉措不由陷入了無盡的孤寂與沉悶中。他的心中認為，桑結嘉措一定是對他不滿，從而拋棄了他。

這是真的嗎？事實真的有如倉央嘉措所想嗎？

事實是，桑結嘉措此時早已顧不得這位小活佛了，他與拉藏汗的較量已經進入了白熱化的階段。

接下來，是一場極其混亂的鬥爭。

在五世達賴在世期間，格魯派請來了蒙古和碩特部的固始汗，用武力剷除了企圖滅掉格魯派的喀爾喀部的卻圖汗、噶瑪噶舉派的藏巴汗和康區的白利土司。可是如今天下形勢早已經變化。格魯派必須改變依附和碩特部的局面，必須建立一個獨立的西藏地方政權。不幸的是，桑結嘉措選擇的方法卻是五世達賴的老路，他請來了準噶爾部作為他的盟軍。這是一步非常危險的棋。因為，桑結嘉措一心扶持的噶爾丹，是日後康熙最大的敵人。

另一方面，桑結嘉措又是五世達賴羅桑嘉措非常忠實的擁護者，他視他如兄，如父，如自己的人生理想。除了政治之外，桑結嘉措最大的心願，就是培養出一個像五世達賴羅桑嘉措一樣的六世達賴。但他的理想要落空了，倉央嘉措畢竟非常年輕，年輕得超出了桑結嘉措的想像，他根本無法承擔這其中的政治風險，也沒有這個政治手段。

桑結嘉措一心想要維持一個以達賴喇嘛為核心的格魯派宗教集團政府，這個政府是獨立的，沒有外族的操縱，但卻可以因為達賴喇嘛的宗教權威，使得外族勢力對它形成一種保護關係。

然而，這樣的政局卻有一個致命的危險，就是，政局的核心，必須是一個處於絕對權威地位的達賴喇嘛，這個達賴喇嘛，不僅需要有特別高深的佛學修養，其政治素質，也必須高人一等。然而，這樣的人是非常罕見的，因此，桑結嘉措加緊了對倉央嘉措的培養。

但倉央嘉措卻令他失望了，被桑結嘉措給予了厚望的倉央嘉措卻越來越不愛讀佛經。行為

曬大佛，大佛是大型的唐卡，是每個寺廟的鎮寺之寶。因為是鎮寺之寶，聽說每個都不惜工本地，做得美輪美奐。聽說曬大佛是不僅是一件神聖也是一件很神奇的事。不管哪天颳風下雨，只要佛一曬出來馬上雨過天晴。更有這樣一個傳說，當佛像展開到佛的額頭時，第一縷陽光會照到佛的額頭上。

倦怠懶散，甚至，竟然還傳來了他喜愛遊樂的傳聞。

桑結嘉措奔波處理各種內憂外患，實在不能親自規勸倉央嘉措。於是他寫信給倉央嘉措的師傅——五世班禪求助。五世班禪不久回信說要盡快給倉央嘉措受比丘戒。只要受了戒，精神就會振奮，身心自然會清淨。而這也符合桑結嘉措的心意，他需要的是一個充滿著宗教權威的達賴率領西藏取得獨立。

就在桑結嘉措感到沒有主意的時候，格魯派強大的外援噶爾丹去世了。準噶爾的大權落在了噶爾丹的姪子策妄阿拉布坦手中。桑結嘉措本想繼續與準噶爾交好，讓準噶爾做他們強大的外援。但是這位新的準噶爾大汗卻多次上書給康熙皇帝，彈劾桑結嘉措。他知道，策妄阿拉布坦之所以這樣做，是因為，他不僅不再願意給西藏支援，更是想要一舉挺進西藏。

本就非常複雜的情況，突然之間因為和碩特蒙古的頭領達賴汗去世變得更加錯綜複雜。他的大兒子旺札勒繼承了汗位。旺札勒與他的父親一樣，很少插手格魯派政務。桑結嘉措懸著的心暫時算平穩了點。

而這個時候，最關鍵的人物是倉央嘉措。

一七〇二年六月，格魯派的高僧們護送倉央嘉措來到日喀則的札什倫布寺。五世班禪見到自己的徒弟非常開心。迫切地希望小達賴能向眾僧展示自己的學習成果，請求他為全寺的僧人講經。然而，讓人震驚的一幕發生了。倉央嘉措跪倒在地上，說道：「弟子有違師命，比丘戒我萬萬不受。請師傅把我的沙彌戒也收回吧！」

對於格魯派來說這無疑是晴天霹靂！他們的活佛竟然不肯接受比丘戒！五世班禪更是非常震驚。最後他只能向倉央嘉措提出一個要求，希望他不要穿俗家衣服，近事戒在身。而這樣日後也可以受比丘戒。

一時之間，內憂外患一起湧現。和碩特部的旺札勒去世，取而代之的是他的弟弟拉藏汗。拉藏汗與自己父親和哥哥不一樣。他行事心狠手辣，野心勃勃。桑結嘉措明白，拉藏汗的上臺必然會給暫時緩和的西藏與蒙古的矛盾帶來致命的衝突。

果然，拉藏汗並未放過桑結嘉措。他藉口將桑結嘉措的隨從逮捕，並在達木地方集結了軍隊，向桑結嘉措所在的拉薩進發。

拉藏汗知道，桑結嘉措的第巴一職掌管著整個西藏的內務，如果可以逼迫桑結嘉措讓位，並讓蒙古人來擔當職位，五世達賴的勢力便會在一夜之間土崩瓦解。但桑結嘉措卻沒有受拉藏汗的威脅，而是舉薦自己的兒子擔任第巴的職務，使得拉藏汗的陰謀沒有得逞。

就這樣，桑結嘉措與拉藏汗維持了兩年的表面的和平，他歲數已大，而活佛卻非常年輕。擁有多年政治鬥爭經驗的自己都無法和拉藏汗進行正面鬥爭，更何況是單純善良、沒有任何政治鬥爭經驗的

小活佛呢？桑結嘉措一想到這裡便心亂如麻，恨不能除拉藏汗而後快。而他也做了一個非常不理智的決定。所謂「擒賊先擒王」，桑結嘉措希望依靠個人的力量暗殺拉藏汗。

一七〇五年，桑結嘉措與拉藏汗的矛盾激化為一場戰爭。桑結嘉措希望投毒置拉藏汗於死地，但事情卻敗露了。拉藏汗非常憤怒，他馬上想要調動軍隊，發兵攻打桑結嘉措。嘉木樣協巴這個時候又再一次站出來，在桑結嘉措和拉藏汗之間進行調解。桑結嘉措和拉藏汗思索良久，終於有了一次表面上的和平，他們表面上給足了嘉木樣協巴充分的面子。雙方達成了協定，各自退讓。

桑結嘉措離開拉薩後，移居到山南莊園休養。拉藏汗離開拉薩，回到青海的和碩特部。但這種退讓只是表面現象，他們都各懷心事。果然，不久之後，大戰在拉薩北面一觸即發。桑結嘉措因寡不敵眾，被蒙古軍隊活捉，之後，拉藏汗找了個藉口，將桑結嘉措殺掉。

桑結嘉措死後，格魯派元氣大傷。拉藏汗下一步的目標，就是剷除年輕的活佛達賴倉央嘉措。拉藏汗思索良久，想了個好主意，他上奏朝廷，對康熙說桑結嘉措意欲謀反，現在，雖然桑結嘉措已經死去，但他擁立的達賴活佛還存在於世。拉藏汗說，這位達賴耽於酒色，不守清規，是一位假活佛。於是，康熙皇帝命人將倉央嘉措押送到北京。

活佛要被押解進京的消息引起了整個西藏的震動，廣大僧眾得知這個消息，紛紛發誓要保護倉央嘉措。當解送倉央嘉措的人路過哲蚌寺山下時，埋伏在山下的一群武僧突然襲擊，將倉央嘉措營救到寺裡。拉藏汗聞訊大為震驚，他再一次動用武力，並下令部下包圍整個寺廟。在搶奪活佛的過程中，許多人失去了生命，這場仗，也打了三天三夜。

眼看許多人為自己的性命而死去，倉央嘉措作為活佛的憐憫之心油然而生。他明白，只有犧牲自己，才能保全大家。於是，他毅然下山，一步步掉入拉藏汗的陰謀。

倉央嘉措的悲劇人生，在一片謎一般的混亂中走向落幕。

他的善良，他的感性，他的才華，在紛爭的亂世中，都成為了終結他人生的毒藥。

他死，或是沒死，這些都已不再重要。重要的是，他雖身為活佛，卻陰差陽錯以詩人的名聲被人牢記於心。

我不知道，如果可以再活一次，倉央嘉措，他究竟會否情願再世為達賴。他會後悔他的荒疏學業，他會後悔他的不經世事，他會後悔他的消極逃避麼？

再世為人，他又會如何選擇呢？

七、倉央嘉措其人評析

人類歷史上總歸有許多種巧合。總有無心插柳柳成蔭的結果出現。比如辛棄疾一輩子希望的是做個將軍，帶兵打仗，結果卻以詩人的身分被後人記住。而倉央嘉措也不例外，在他活著的時候，他是全西藏最高的宗教領袖達賴，但死後卻總以詩人的身分被人們提起。而他創作的《倉央嘉措情歌全集》更給了人們一個多情、浪漫的浪子形象。

一個歷史人物，他的形象是多面的。各種形象裡有的真實，另外一些會有附會和後人的演繹。特別是在文學作品和民間傳說裡，人們總是會運用各種誇張和想像的手法使得人物的某方面的個性被無限擴大，導致另一面被忽略。比如，倉央嘉措這個形象讓人聯想起的是放蕩多情的公子和他曲折離奇的人生經歷。可真實的倉央嘉措難道真的只是一個無所事事的花和尚？

在正史中記載，早逝的倉央嘉措雖然沒有大多數達賴喇嘛那麼高的佛學成就，但也留下了一些宗教著作。比如《色拉寺大法會供茶如白蓮所贊根本及釋文》、《馬頭觀音供養法及成就訣》等。然而，這些也並不是什麼大部頭的著作。

原因是自然的。首先他還年輕，還沒有足夠的積累能夠著書立說。然而這也足夠說明他並不是一個純粹的對宗教事業沒有任何貢獻的花和尚。只能說他有這方面的努力，只是局限於年齡和閱歷等，還不能引起什麼注意和影響。

令人感慨的是，只以一本《倉央嘉措情歌全集》，便足以讓人們忽略他的宗教造詣。只以一本《倉央嘉措情歌全集》，便可以讓人忽略他所有為了信仰而做出的努力。

這是悲？是喜？

最後多說一句，目前，倉央嘉措情歌的輯本種類很多，據藏族文學研究的先驅佟錦化先生統計，集錄成冊的有「解放前已經流傳的拉薩藏式長條木刻本五十七首；于道泉教授版一九三〇年的藏、漢、英對照本六十三節六十六首；解放後，西藏自治區文化局本六十六首；青海民族出版社一九八〇年本七十四首，北京民族出版社一九八一年本一百二十四首；還有一本四百四十多首的藏文手抄本，另有說有一千多首，但沒見過本子。」

至於哪個是定本，目前為止還沒有定論。不過，按照目前的研究，普遍認為他的詩作大概有七十首左右。

在後面的章節裡，我們將為讀者選取倉央嘉措的經典詩歌做出解析。

其詩，如人。

第三章

倉央嘉措詩歌賞析

六世達賴倉央嘉措的詩歌廣為流傳，在漢語地區有著較強的影響力。

第一個將倉央嘉措詩作翻譯為漢語的人是于道泉先生。于道泉先生是著名的藏學家、語言學家、教育家。他翻譯的版本語言質樸，風格樸素，符合作者原詩的「民歌」風味。但由於于道泉先生大量採用樸素的語言，削弱了詩歌的藝術品質，未免讓人遺憾。

近代翻譯家曾緘先生為了彌補于道泉先生版本的遺憾，將倉央嘉措的詩歌翻譯成了格律分明嚴謹的近體詩。但是，由於在曾緘先生的時代，倉央嘉措「浪子」的形象已經在民間廣為流傳，曾緘先生在翻譯過程中摻雜了一些主觀的判斷。從翻譯角度上來說，未免有曲解之嫌疑，不過總體來說，無論是從形式還是從內容來看，曾緘先生的版本都是目前最優秀的。而這個版本也是目前為止最廣泛流傳的版本。

隨著各種關於倉央嘉措的傳說和故事興起，他的「浪蕩公子」形象已經深入人心。所以當劉希武

先生翻譯倉央嘉措的詩歌時，乾脆以「浪蕩公子」的定位出發，將詩人的詩歌翻譯得非常「豔麗」。劉希武先生的語言華麗優美，但是內容上已經充滿了主觀的臆測，遠離了原詩樸素直白的風格。

平心而論，三個版本中，曾緘先生的翻譯版本語言優美雋永，內容貼近原始詩作，實為賞析品鑑的上佳版本。

一、世間安得雙全法，不負如來不負卿

——倉央嘉措讓人驚嘆的愛情

心頭影事幻重重——初戀

從來沒有一個達賴喇嘛如倉央嘉措般被民間熟知。論佛學造詣，政治才能，倉央嘉措並不是最高的一個，但是他——作為一個活佛，最終以一位詩人的身分被鐫刻在人們心裡。

倉央嘉措的一生充滿傳奇色彩。

他的家鄉，在尼泊爾附近一個叫沃松的地方。這裡天高路遠，山清水秀，芳草鮮美，牛羊成群。那一天，毫無徵兆，兩位神秘人物突然出現在他居住的村子，同時帶來一個驚人的秘密。他們宣佈，個無憂無慮，聰慧可愛的倉央嘉措，是五世達賴羅桑嘉措的轉世靈童。

既然是靈童，自然會被毫無懸念的帶走。

為了創造良好的學習環境，為了把這位將來的無上至尊培養成一位在民間有威望的宗教和政治領袖，桑結嘉措命人將靈童一家遷居夏沃的措那宗。五世達賴一手培養起來的親信第巴桑結嘉措也派曲吉和多巴教授他佛學。

命運就是如此掌控著我們不可知的生活與際遇。從那刻開始，倉央嘉措的宿命之輪開始輪轉。桑結嘉措萬萬沒有想到，他精心培養的小靈童，竟會陰差陽錯，成為雪域最有名的詩人，並且，是一名「情愛」詩人。

心頭影事幻重重，化作佳人絕代容。
恰似東山山上月，輕輕走出最高峰。

在各種關於倉央嘉措的傳言裡，都少不了一個叫瑪吉阿米的少女。這是倉央嘉措的第一段「愛情故事」。而這首詩，也被人口耳相傳，成了著名的「東山詩」。

這，大概是倉央嘉措的魅力所在，短短四句話，勾勒出了一幅絕美的景象。

美人如月，倩影與幽夢相隨，紅塵與佛界緊貼。玉質肌膚，靜姝彼女，羅裙生輝。月光灑在東山上，也灑在倉央嘉措萌動的心上。

唯一美中不足的是，「瑪吉阿米」，被翻譯成漢語中的「佳人」。讓我們將歷史向前推進三百年，「瑪吉阿米」或許真的是一位絕代佳人，但「佳人」，卻未必真的就是「瑪吉阿米」。

一切的奧秘，就在那句「心頭影事幻重重」裡。在那個群雄紛爭的年代，小靈童的心頭，「重重幻影」莫非都只源於一位牽動著他的心的少女嗎？在他的心中，會不會潛藏著另一絲對命運的不安呢？

《金剛經》曰：一切有為法，如夢幻泡影。如露亦如電，應作如是觀。

當他被神秘使者帶走的那一天，他就早已不再是快樂的小男孩倉央嘉措；當他住進措那宗的寺廟時，他就早已不再是可以眷戀紅塵世故的普通人倉央嘉措；當他拿起佛經，將「無相我」裝入心中時，他已必須為了某

早春的西藏高原上旗幡飛揚，綠意盎然

種信仰犧牲自己。

少女的身影只是世間萬象中的一種。此時，在倉央嘉措的心裡，藏著更多令人無奈、無助的秘密。

五世達賴羅桑嘉措是個極其了不起的政治家，他還健在的時候，西藏雖有各種暗潮湧動，卻始終只在暗地波動，未曾翻上檯面。在那之前，沒有人會想到，當他圓寂之後，西藏的政治格局，有了翻天覆地的變化。

倉央嘉措，他雖名為五世達賴的轉世靈童，但各種能力卻始終不及這位前世。即使他不願、不想，但自他離開家鄉的那一刻起，早就被迫入了一場紛亂的政治鬥爭中。這不是他的錯，他卻要為此背負沉重的枷鎖。

十五歲以後，倉央嘉措便住進了代表無上榮耀的布達拉宮。在外人看來，他擁有世人想要擁有的一切：金羅銀帳，珍饈饕餮，雪域之王。然而在這表面的風光背後，他卻感受到無盡的悲涼。

他感到自己年輕弱小，勢單力薄，還不能真正掌權。一面要受控於桑結嘉措，另一面桑結嘉措也對他有養育栽培之恩。可以說他對桑結嘉措的感情是非常複雜的。他不甘心淪為桑結嘉措的政治傀儡，渴望著能夠親自去完成五世達賴的遺願，但是面對內外複雜的政治環境，還要面對各種虎視眈眈的眼神。殘酷兇狠的拉藏汗，以及準格爾部，還有入主中原的康熙皇帝。

這些事情埋在他內心裡，自然是無法化解的「幻影」。面對如此紛繁複雜的環境，倉央嘉措需要的只是一個真正願意和他說心裡話的人。

雖然在布達拉宮裡，每個人都尊敬他，但他卻形單影隻，即使有佛法相伴，對於一個十多歲的少年來說總是有些年少孟浪的想法。而瑪吉阿米，這個傳說中的少女是倉央嘉措中心裡最純真的寄託，是他在枯燥而壓抑的生活中，唯一願意與她相對展示自己真正性情的人。他在她面前沒有任何掩飾，沒有任何浮誇。他以世間一個普通世俗的男子般去愛她，他渴望這高高的寂寞背後平淡、真實、自由的生活。

那個歷史中的「瑪吉阿米」到底是否存在，已經不再重要。我們唯有感同身受的是這份愛情背後詩人濃濃的繾綣之情，寂寞之意，對自我苦悶境遇的逃避。月亮已經悄然爬上了東山山頭，月光似少女的裙襬般純潔。倩影上心頭，猶如明月出東山。少女之影掃盡了政治鬥爭裡紛紛擾擾的鬥爭之困，佔據了詩人的心。詩人獲得了無比的寧靜。

所以少女之影從來不是打擾詩人入定的原因，恰恰是幫助詩人心靜的一個重大原因。這愛情裡面，除了對少女美貌的歡喜，更是詩人作為一個普通人，對真我最直白的渴求。

而作為後人的我們，除了寫這些不痛不癢的文字外，又能如何?我們誰也逃不了俗世的漩渦，逃不了佛曰六道輪迴，陷入貪嗔痴的三毒裡。活佛雖然是佛，但是在他真正頓悟之前，他也和所有人一

樣，經歷著人生萬象種種。所謂真的放下，也不過如是吧。在真正經歷了紅塵萬劫之後，才可能真有超脫出塵的淡泊之心。只有建立在對痛苦深刻的體會上，才更懂喜樂為何物。

一個寂寞孤獨的詩人，一位多情浪蕩的公子。他，就是最本真的倉央嘉措。

此身似歷茫茫海——愛與理

在莊嚴巍峨的布達拉宮，他是活佛倉央嘉措；在閒情逸致的小酒肆，他是多情公子宕桑旺波。

枯燥乏味的學習，宮中森嚴的制度使得年輕的倉央嘉措越發厭倦他的生活。他想逃離這個世間最繁華的牢籠，回到如處在自己家鄉般自由自在的生活中。在民間，傳言倉央嘉措來到布達拉宮後被迫和「瑪吉阿米」分離，心愛的姑娘最終嫁作了別人的新娘。

自悲痛之中，一個叫達娃卓瑪的姑娘闖入了他孤獨寂寥的內心世界。「瑪吉阿米」或是世人杜撰，無跡可尋，達娃卓瑪，卻是他心中真正的靈感之源。

白天時候，他在布達拉宮中盤坐修行，苦練佛法，一到夜幕降臨，他便戴上假髮，換了衣服，遊蕩在拉薩街頭的各種小酒肆裡。年輕的人們盡情歡歌跳舞，享受著他們人生最美好的春光。

宕桑旺波便在這無數的酒肆裡遇見了自己的心上人達娃卓瑪。達娃卓瑪也早已被這位多情公子俊朗不凡的外表和瀟灑不羈的氣宇吸引。兩人便偷偷結出了山盟海誓的諾言。至情至性的倉央嘉措，寫下了一首情意綿綿的詩歌來抒發自己的心情。

意外娉婷忽見知，結成鴛侶慰相思，
此身似歷茫茫海，一顆驪珠乍得時。

這首詩，讀來頗有王國維先生的「三境界」之感。

古之成大業者必經歷三個階段。

第一階段，必先經歷「昨夜西風凋碧樹，獨上高樓，望斷天涯路」的寂寞蕭瑟，然後有一份「衣帶漸寬終不悔，為伊消得人憔悴」的執著，才能有「眾裡尋他千百度，驀然回首，那人卻在燈火闌珊處」的喜悅。

作為整個西藏無上至尊的活佛，倉央嘉措的內心世界卻一片孤寂。縱然布達拉宮裡有千金萬銀，錦衣玉食，寶馬香車，縱然他的前前後後，左左右右，無時無刻都有許多人跟隨著他，但是卻沒有一件漂亮的衣服，一盤美味的菜餚打動他，也沒有任何一個人能真正瞭解他的心。

他的師傅們，只管教他作為活佛要學的佛學知識，他們從不願意，也不敢多跨前一步，給予年輕

的倉央嘉措在浮浮沉沉的政治鬥爭中一絲充滿人情味的撫慰。這不是他們的職責，也不是他們能夠擔負的責任。

至於桑結嘉措，更是從未能真正明白這位小活佛的心。倉央嘉措一方面尊敬他，愛戴他，待他如長輩，另一方面卻苦於自己受制於桑結嘉措無形的控制，希望能夠獨立地做一個活佛。而這一切，在當時的環境下是絕對不可能的。倉央嘉措雖然貴為活佛，實則卻只是互相傾軋的政治鬥爭中的一粒棋子。沒有一個人能真正敞開胸懷，與他平等地做朋友。最後只剩下無盡的孤獨與他為伴。

他渴望自由，渴望充滿歡聲笑語的民間。他終於在拉薩街頭的小酒店裡找到了他想要的真情和真心。在這個世界上，終於有那樣一個人，願意以心換心，將自己毫無保留地展示在自己面前，給予他全部的熱忱和真摯。

面對意外得到的知音，他喜出望外。

「意外娉婷忽見知」，這意外二字足可見倉央嘉措的欣喜與痴狂。但痴狂之後，必定卻有一份悲涼，正當大家為他「結成鴛侶慰相思」而感到高興時，他卻筆鋒突然一轉，悲涼之情油然而生。好一句「此身似歷茫茫海」，教人如何不唏噓，如何不感嘆。

佛曰：苦海無涯，回頭是岸。在佛教教義裡，生與死之間隔著一片茫茫之海，只有用佛法渡海而過，才能遠離人世的輪迴痛苦。那麼，倉央嘉措所說的「茫茫海」必定是他的愁悶與痛苦。在無邊無盡的苦海裡徘徊時，竟然突然出現了一個如此活潑善良的姑娘，倉央嘉措當然是喜不自勝。「一顆驪珠乍得時」這句把姑娘的美貌比喻成珍珠，更突出了姑娘冰清玉潔的品質和純真善良的心。

倉央嘉措的赤子之心在如此複雜的環境中是脆弱而渺小的。雖然此後，他和達娃卓瑪一起度過了許多美好的時光。但漸漸坊間卻有了傳言：達娃卓瑪的情郎宕桑旺波便是當今活佛倉央嘉措。如果「瑪吉阿米」真的存在，那悲劇，再次毫不客氣的降臨在了倉央嘉措頭上，他再一次被迫和心愛的人天涯各方。

閱盡傾城覺汝賢——傾城之戀

關於倉央嘉措的愛情，如今我們只能在他存下來的詩歌中管中窺豹。在那些綿長的歲月裡，他每日吃

晨曦中的珠穆朗瑪峰發出不可輕蔑的莊嚴

齋念佛，誦經習文。枯燥單調的生活讓他有了一個疏放的念頭。他改妝易容，來到了拉薩街頭，與同齡們一起在酒肆裡唱歌跳舞。有詩為證：

名門嬌女態翩翩，閱盡傾城覺汝賢。
比似園林多少樹，枝頭一果娉鮮妍。

乍看之下，這是一幅多麼歡樂的「群芳圖」啊。一群出身名門的嬌俏可愛的女孩子正在愉快地起舞，她們的臉上展露笑容，盈盈之語跌宕起伏。

在這些美麗的女孩中，是誰俘獲了這位多情公子的心？是誰能夠在這群美麗又能歌善舞的女孩子中脫穎而出，得到這位多情公子的青睞？這個女孩，會是達娃卓瑪嗎？

在很多年裡，經過無數人的研究，大家一致認為，這個靚麗的少女，正是倉央嘉措為之謳歌的達娃卓瑪。

達娃卓瑪，她的美貌自然不用多說。她美麗的容顏如同枝頭的果子般泛著健康的紅色，她健康的皮膚如同果皮般光滑瑩潤，她輕盈的身姿又如結掛在樹上的果子一般可愛動人。

但似乎，她吸引倉央嘉措的武器，並不是那一抹清麗的容貌。

在倉央嘉措的描述中，我們可以清楚的知道，在拉薩的酒肆裡，他是和一群少女在一起把酒言歡的。飛斛把盞之間，少女們的臉龐漸漸在倉央嘉措的眼中模糊。她們婀娜的身姿幻化成世間各種「相」，她們似一段段飛舞的綢帶，在無拘無束的拉薩天空中交錯相織，這些統統猶如「飛天」的綢帶一般，撫過倉央嘉措的心。

而那個名字，達娃卓瑪，她給他的不僅僅是如這般短如朝露的美貌，更是在煩躁的政治鬥爭中對他的關懷、理解，與真情。

他對這樣的交往渴望已久。在桑結嘉措面前，在眾位師傅面前，他只能正襟危坐，給西藏人民樹立活佛的榜樣。而在達娃卓瑪面前，他只是一位最最單純的情郎，最最簡單的人。

後來，拉藏汗以淫亂為由請康熙皇帝廢除倉央嘉措的達賴尊位。他的詩歌也就這樣不幸成為了最直接的「罪

從大昭寺遙望布達拉宮

證」。

這位多情的六世達賴，他用心吟唱著自己心愛的女孩子，不假思索地歌頌著自己的愛情，到最後卻落成了敵人的把柄。所謂因果，不外如是。在我們不經意間做下的事情，日後帶給我們的是福是禍，又怎麼去預料？

而愛情不過是生活中短暫的煙火，在倉央嘉措的前半生燦爛地綻放，又華麗地死去。

所有被傳誦的情歌，最後都在歌詠「已失去」和「得不到」。

流言漸漸傳開來，原來這位日日甜蜜的多情公子竟然是如今的活佛，六世達賴。無論當初那個女孩是無奈，是不捨，還是愧疚，她的結局只有與愛人遠離，從此天各一方，杳無音訊。這對恩愛的眷侶就這樣被無情的政治鬥爭拆散。

倉央嘉措在日後的歲月裡，也再沒遇見那個年少時候陪他一起歡歌笑語的女孩了。

後來，他們都老了。她成了妻子，媽媽，奶奶，他卻永遠消失在了青海湖畔……

最後的最後，歷史長河裡，也只有如今的隻言片語還在被人傳誦。而這些對於這段愛情來說已然足夠。

他勝利了。所有人都知道他和她的愛情故事了。

而曾經那些利用倉央嘉措進行政治鬥爭的人，如今卻只能在人們回顧倉央嘉措的故事時才被想起。

而所謂因果，永遠如此讓人嘆息。

當時交臂還相失——邂逅

據說，倉央嘉措流傳下來的六十餘首情詩，絕大多數都是寫給達娃卓瑪的。因為用情至深，所以失去最痛。回憶如星星，耀眼卻又遙遠。倉央嘉措，只能用文字去祭奠這段消逝的情事。

一自銷魂那壁廂，至今寤寐不斷忘，
當時交臂還相失，此後思君空斷腸。

他也許一直沉浸在與達娃卓瑪在一起的美好時光裡。他們四目相對，含情脈脈，你儂我儂，道不盡的纏綿，說不完的相思，在這對情人的眼裡，他們的世界裡只剩下了對方。可惜，好景不長，不久之後，倉央嘉措不得不又一次離開心愛的女人，再次一個人面對冷枕寒衾，吞下分離的痛苦。

不知在與達娃卓瑪分別之後，倉央嘉措受到了什麼樣的煎熬，以至於一個每日悉心念佛的靈童，

寫下了「至今入睡的時候還是不能忘記她」這樣的詞句。

然而，他和她，彼此最終天涯海角。他不得不默默地嘗著痛苦，吞咽著歡快過後的苦果。

思念，始終是分離的影子，只有墜入黑暗之中，才可以假裝看不見。為了減輕痛苦，可憐的倉央嘉措只能在深夜入睡前一個人開始舔舐自己的傷口。只有在這個時候，他才可以卸下「活佛」的重任，做一個普通的「宕桑旺波」，才可以掙脫桑結嘉措和眾多師傅的管教，才可以暫時遠離對拉藏汗的恐懼。

然而，倉央嘉措在悲痛之後，卻萬萬沒有想到，這首詩中「銷魂」一詞不但令人浮想聯翩，在日後也成為了拉藏汗用來證明他「罪行」的「罪證」。

令人不解的是，這裡的銷魂，究竟是指肉體的銷魂還是精神的銷魂呢？

應該來說，倉央嘉措在達娃卓瑪身上找到的快樂是雙重的，既有肉體的也有關乎靈魂的。有部分研究者經過研究認為，倉央嘉措的老家普遍信仰紅教，而紅教中娶妻生子和佛家修行戒律不矛盾。他們推測倉央嘉措很有可能受早年宗教信仰影響而的確「沉湎酒色」。

按正史記載，倉央嘉措死亡的時候也只有二十四歲。而又因為政治需要，當小倉央嘉措被選為靈童以後，他並沒有如從前的靈童一樣直接被接到布達拉宮生活，修研佛法。桑結嘉措對五世達賴去世的事實匿而不發，暗中派人尋找靈童，在布達拉宮之外對靈童進行培養。五世達賴的死訊整整隱匿了十二年。而未受布達拉宮「正統」教育，未走布達拉宮「正統」的倉央嘉措難免沾染民間自由的風氣。所以，所謂的「銷魂」應該可能包括了單純的肉體上的快樂。

但我們完全可以肯定，倉央嘉措對達娃卓瑪的愛，遠超過單純的肉體之愛。

如果一個男人對一個女人只有性，他又怎麼會為她寫下如此多纏綿悱惻的詩句呢？如果一個男人對一個女人沒有愛，他又怎麼會用詩去抒發他的相思呢？

他在詩裡毫不掩飾地讚美達娃卓瑪的美貌，直白地表露對她的思念，甚至不止一次寫到在他進行「冥想」的時候浮現出達娃卓瑪的倩影。

肉體的歡快，不會因離別而痛苦萬分。

她對於他，是情人，更是心靈的伴侶。是他在這個孤獨的人世唯一還讓他觸摸到溫度的人。他的父母因為他是活佛，所以只能離開他；桑結嘉措雖然對他恩重如山，卻處處限制他，不給他自由；他的師傅潛心教他佛法，卻總是懷著敬畏之心，不曾親近。只有達娃卓瑪，不識他活佛的身分，能夠和他無拘無束地說話，生活，真誠而真摯地交往。

說到底，倉央嘉措也有作為普通人的一面，也有普通人的七情六欲，也有普通人的喜怒哀樂。而人生莫不是一次磨礪，讓我們在經歷萬丈紅塵後得到超脫。而愛情，也是對他作為活佛的修煉中最難的一次。

而他真真切切地愛過，這就足夠了。

幾見狂蜂戀落花——「蜂花」戀

雖然倉央嘉措與達娃卓瑪的愛情受到了非議，但是他卻並沒有因此而陷入絕望之中不可自拔。倉央嘉措有一組詩叫《問佛》，其中寫道：我問佛：世間為何有那麼多遺憾？佛曰：這是一個婆娑世界，婆娑即遺憾，沒有遺憾，給你再多幸福也不會體會快樂。求之不得的愛情其實不過是人生許許多多數不清楚的遺憾裡的一個罷了。

倉央嘉措並沒有因為失去了愛人而陷入悲傷的泥潭中無法自拔。他知道，這個世界本就充滿了遺憾，只要愛過，便不要耽於悲痛。當我們的生命走到最後的數字，我們經歷過的一個又一個的故事最後只是生命中一串串的符號。面對已逝去的愛情，詩人作了一首詩歌：

我與伊人本一家，情緣雖盡莫咨嗟。
清明過了春歸去，幾見狂蜂戀落花。

當他與愛人離別的時候，內心的痛楚折磨他至深，但他卻依然要強忍著痛苦，對他的情人說，我們的緣分雖然盡了，但你卻不要嘆息難過，我與你，從來都由天地而生，為天地中萬相之一。在這茫茫紅塵裡，我們彼此其實都差不多，被束縛於許多規則、強權，想要利用它、改造它，又希望掙脫它、擺脫它。

倉央嘉措，當他在紙上落下此筆時，他是在勸解情人，還是在寬慰自己呢？

他雖然多情，卻絕不是那些放蕩的紈袴子弟。他對情，對人都是專一而深情的。他知道他們的緣分已經走到了盡頭，愛情終究是難以

盛裝打扮的美麗西藏姑娘

圓滿的夢。他們彼此之間都依依不捨。於是作為一個男人，倉央嘉措只好假裝瀟灑地對他的愛人說：「不要遺憾了。」故作灑脫的背後，是男人沉重的面子。他不能讓他的愛人感覺到他的悲傷，於是淡淡說了一句，忘記吧。

然而，這一句「莫咨嗟」何嘗又不是對自己的寬慰呢？既然佛說這個世界充滿了遺憾，面對這個紛繁複雜的世界，赤手空拳的我們唯有接受這些遺憾，把它視為生命的一部分。

唯有放下一切悲苦喜樂，才能獲得超脫。

不想放而必須放，不想忘而必須忘。

他正在想著他的愛人，承受著命運考驗的時候，忽然他發現原來清明節已經過去了，春天也已經走遠了，可是蜜蜂卻還固執地繞著落花飛舞。

一個「狂」字盡顯出這個孤獨的和尚，內心對愛情強烈的追求。他是多麼希望可以和自己的愛人相守，他是多麼希望和一個普通人一樣，娶妻生子，放牛餵羊，仰望藍天白雲，俯瞰綠草流水。可是，這些願望於他卻是奢侈品。他的愛情注定是不被祝福的。而腦海中另外一個自己卻不斷對自己說：沒有關係。這不過是佛說娑婆世界。

愛情猶如春天一樣，過去了無法挽回，只有他的心依舊還在無邊的世界裡漂泊。

就這樣，一次又一次。他與理智與情感做著雙重的鬥爭。他無處可訴的愛意，無可奈何的嘆息，全都化入了詩歌，成為了永恆的傳說。

一事寒心留不得——「冰心」（一）

在倉央嘉措眾多詩歌中，有這樣一首詩：

飛來野鶩戀從蘆，能向蘆中小住無，
一事寒心留不得，層冰吹凍滿平湖。

這首詩歌初看並無新意，仔細讀來卻頗有味道。

河邊的蘆葦叢旁飛來了一隻野鴨，雖然牠非常流連忘返蘆葦叢，但是牠卻不能駐留，無法在蘆葦叢中築巢生活。倉央嘉措是否在以野鶩與蘆葦之間的關係，來以此暗喻自己和心上人的關係？

如果真是如此，野鶩是誰？蘆葦又意欲為何人呢？

當他矗立窗前時，他似乎看到，不知名而來的野鴨子飛到蘆葦

中，對蘆葦叢依依不捨。牠似乎找到了可以安心的家，可以生活的地方。然而，溫馨的畫面卻並不能維持多久。顯然，飄來飄去的野鶩厭倦了漂泊不定的生活，終於倦鳥想歸林，然而他的內心卻又充滿了不確定。我雖有意，儂否有情？

在倉央嘉措的愛情故事裡，他始終是一個漂泊的角色。小的時候，他漂泊在措那宗的寺廟裡，每日面對青燈古佛，燈油木魚，長大以後，他又漂泊在布達拉宮，穿著華服，享受著至高的宗教榮耀，卻也坐在了寂寞的頂峰。

他錦衣玉食，卻沒有根。

從小他就離開了父母，作為活佛，再也沒有機會享受天倫之樂；長大以後，他面對的永遠是不停勸他學習佛法，研習佛經的人們；再後來，他也不能全身心地投入佛法之中。無論在俗世，還是在佛的世界裡，他都找不到歸宿。

直到遇到了達娃卓瑪。

這是命運的邂逅。這個美麗活潑的姑娘身上充滿了質樸的歡樂與美好，閃耀著世俗最簡單的光芒，這是他在制度森嚴的布達拉宮中從未體驗過的。

羈鳥戀舊林，池魚思故淵。在這個女孩身上，他彷彿找回了自己。

所以，倉央嘉措說的「野鶩」，指的就是自己。當他看到達娃卓瑪的時候，他輕輕的問了自己一句：我們到底能在一起嗎？

答案如雪山的寒冰一般冰寒刺骨。

有緣無分。

在茫茫的人海中，他好不容易找到了一個讓他終於有歸屬感的人，卻還是求之不得。命中注定，他只能漂泊。

作為一個活佛，他必須忍受這無盡的孤獨，必須承受高處不勝寒的寂寞。

在紛繁複雜的政治鬥爭中，作為西藏最高的宗教領袖，他有許多責任，有許多負擔。而這些只因為他在出生之後被選為了靈童。這一切並非是他的選擇，可是卻不得不去承受。

而愛情的終點也只能是向命運繳械投降。

年輕的倉央嘉措重新掉進了冰窖中，他甚至比從前更加孤獨。

一切煙火散盡，只有詩歌，還仍舊陪伴著他。只有詩歌，才能讓他有一個排遣的出口。

美人心上有層冰——「冰心」（二）

雖然倉央嘉措是一位英俊的小夥子，但是在追求心上人的路上他並非一帆風順。

外雖解凍內偏疑，騎馬還防踏暗冰，
往訴不堪逢彼怒，美人心上有層冰。

讓他苦悶的是，儘管自己英俊非凡，他心愛的姑娘卻依然對他有所防備。

當他追求她的時候，她雖然表面上對他和和氣氣，心裡卻對他仍舊心有疑慮。她的不信任，導致倉央嘉措也只能處處提防，步步留意，生怕做了什麼事情就惹得她生氣。他一直惴惴不安，就好比坐在馬上，卻依然要留心馬蹄下的暗冰一樣。

但他卻似乎並不因此而感到沮喪，在倉央嘉措另外一些詩歌中，竟然也經常提到姑娘野性難馴。他似乎樂於將此記錄下來，並撰寫成詩。

讓人疑惑的是，為什麼在幾百年前的一個弱女子，在愛情中竟然可以佔據如此主動的地位？倉央嘉措對「野性難馴」的女子，會不會有著特別的偏好呢？

在中原地區，美德的最高標準就是「溫良恭儉讓，仁義禮智信」。對於女子更是如此，在家隨父，出嫁隨夫，夫死隨子。可以說中原的男子最喜歡的就是外表柔弱，勤儉持家的傳統女子。

詩人的心上人若是來到了中原，必將遭到社會的嚴酷打壓。中原的男子需要的是溫柔婉約的女孩子，而她卻是一位外柔內剛的女孩子。

不得不說，她的這種意識非常超前。一方面她能夠極致展現女性柔美、輕盈的一面，使得男人為之傾心和愛慕；另一方面她從內心深處獨立而自主，並不以依附男人為生活的唯一追求。

她會有這樣的意識和藏族的風俗是離不開的。一般來說，少數民族比起漢族更加活潑、開朗。中原人更內斂、憂鬱。我們可以從他們認識的地方開始分析。

倉央嘉措認識姑娘的地方主要是酒肆，而且據記載，他的心上人達娃卓瑪是西藏一個貴族的女兒。他們的緣分始於酒肆之間，雖然未成佳話，也已經成了傳奇。可見在西藏，對於一般的女子並沒有特別的禁忌，少女們可以到酒家喝酒，唱歌，跳舞。然而在中原，少女們除了元宵節可以邁出大門一步，其他時候都只能待在深閨無人識，更別說酒肆這樣的「放蕩」

場所。

在中國古代能歌善舞，甚至懂得詩詞歌賦的女子都為青樓女子。比如漢朝的蘇小小，宋朝的李師師。所以很多文人尤愛流連忘返於煙花之地。比如宋朝「奉旨填詞」的柳永就是青樓的常客。在他的世界裡，他視那些青樓女子為自己的知音。柳永去世的時候，汴京的青樓女子們都非常傷心。可見柳永與她們之間深厚的情誼。

造成如此現象的原因其實很簡單。因為在古代，女子無才便是德。所謂的名門閨秀是不允許懂詩詞歌賦的，反倒是煙花女子，卻才貌雙全。詩人與她們一唱一和，反而倒有心靈上的交流。

有的時候，看到命運悲慘的歌姬，詩人也常常會聯想到自己坎坷的仕途，灑下感傷的眼淚。比如《琵琶行》中寫道：座中泣下誰最多，江州司馬青衫濕。江州司馬其實就是說白居易自己。那女子悲戚的命運讓他發出了「同是天涯淪落人，相逢何必曾相識」的感慨！

或許，美人的冷漠與桀驁不馴，對倉央嘉措來說是件很麻煩的事情，但他卻依然對此樂此不疲，並為她們著詩讚揚。他欣賞這種獨立的、有個性的女孩，並從心底喜歡她們。

莫道無情渡口舟——無情人

和心愛的人分手後，倉央嘉措也寫了不少抒發心情鬱結的詩歌。比如有一首：

莫道無情渡口舟，舟中木馬解回頭，
不知負義兒家婿，尚解回頭一顧不？

曾緘先生給這首詩歌注釋道：藏中渡船皆刻木為馬，其頭反顧。

在分離的渡口，倉央嘉措送心愛的姑娘遠去。渡船木馬尚有情回顧，但愛的人卻冷酷如霜，連回眸的一個眼神也沒有留給他。

儘管詩中的美人冷酷如霜，但在現實中，倉央嘉措卻連這如霜的眼神都無福消受，他不但未曾到渡口與心上人告別，甚至沒有機會與她正式道別。他的才情再高，也只能道出他的心境，卻不能逆轉事實。

事實的場景是，倉央嘉措化名宕桑汪波，在拉薩街頭喝酒玩樂的事情不久就在民間傳開了。一個

冬天的清晨，看護倉央嘉措的僧人發現雪地上有一排腳印，方才知曉昨夜倉央嘉措逃出布達拉宮與情人幽會。桑結嘉措非常憤怒，下令倉央嘉措再不許私自逃出布達拉宮，更不許和姑娘約會。

宏偉的布達拉宮此時成了他的牢獄。他或許犯了錯，但這是他願意的嗎？沒有人真正理解他，沒有人給他真正的歡樂。而達娃卓瑪，他心愛的姑娘也再沒有出現在他的生命裡。所以他非常生氣，覺得是這位姑娘辜負於他。負氣地寫下：不知負義兒家婿，尚解回頭一顧不？

但如果只是一篇負氣之作，那麼這首詩的涵義也就到此為止。我們卻還有一個謎底尚未解開。這首詩歌中描寫到的渡口送別肯定是不存在的，那麼詩人描寫的渡口又到底是什麼呢？

人們常說：苦海無涯，回頭是岸。在佛教中，總是用此岸說生，以彼岸說死。而所謂的渡河，就是在生死之間能夠求得解脫，超脫六道輪迴，覺悟成佛。

在這段苦悶的訴述中，倉央嘉措顯露出了濃厚的消極色彩。沒有了達娃卓瑪的生活，於他而言只剩下痛苦，沒有喜樂。

他渴望自由，卻沒有自由；他渴望愛情，卻沒有愛情；他渴望獨立，卻沒有獨立。

曾經同行的人，如今也只拋下他一個人孤苦伶仃，在蒼茫人世裡一個回顧的眼神卻也成為了奢侈。那些曾經的溫柔、體恤、關懷，如夢泡影，灰飛煙滅，轉瞬即逝。如晨曦的雨露，如夕陽的黃昏。

他當然知道靠達娃卓瑪的力量是根本對抗不了桑結嘉措。所有的人都希望他成為一個真正的活佛，能夠號召整個西藏的權威，有著無上的宗教和政治地位，而那個唯一希望他僅僅只是一個平凡的情郎的女孩，卻手無縛雞之力，無力與強權抵抗。

即使是他自己，也是無能為力的。

既然不能在此生如自己所願，不如在來生從頭來過。倉央嘉措捨得活佛的榮耀，捨得布達拉宮錦衣玉食的生活，捨得無數人對他的崇拜和愛戴，可唯獨捨不得的是愛人的一個疼惜的眼神。然而他卻連這點要求也無法滿足！眉目四盼希望她的到來，反換來雙眼模糊。不要說天涯海角，卻也從此形同陌路。

渡船木馬雖為草木所做，卻也尚有情誼，懂得分離之苦，相思之痛。心愛的人卻在哪裡？還是否再回頭看看你情郎的模樣？

再見了，然後就真的再也不見。

不久，達娃卓瑪的父母給她找了一戶門當戶對的公子。倉央嘉措的心上人就這樣成了別人枕邊的新娘。

愛情，也不過是人世間無數幻滅中的一種，再無蹤跡可尋。鐫刻在了愛人們的心裡又最終在後世

隨著詩歌成為了不朽的傳說。

匆匆綰個同心結——遊戲拉薩

「無物結同心，煙花不堪剪。」是唐朝詩人李賀經過蘇小小墓提筆寫下的感嘆。而倉央嘉措卻親身經歷了這樣的故事。

遊戲拉薩十字街，偶逢商女共徘徊。
匆匆綰個同心結，擲地旋看已自開。

整首詩非常直白，讓人難免懷疑是否為倉央嘉措所作。詩歌的風格也與他的其他作品有很大的差別。但且不論詩歌真偽，至少也代表了民間對這位活佛的看法。

人們總是祈求在平淡的生活中出現奇蹟，總希望自己的生活多一份絢麗，多一份色彩。但現實又總是不遂人願的。而詩歌便是人們寄託美麗的夢最好的方式。他們把對愛情的所有期望轉嫁到了一個傳奇的人物身上，以此來滿足自己的心靈。

一個本該遵守清規戒律的活佛卻演繹出了如此一段纏綿悱惻的愛情故事。這樣的故事情節總是能夠奪人目光的。

起句說：遊戲拉薩十字街。這「遊戲」二字顯示出他的浪蕩之氣。這在倉央嘉措的詩歌中很少有。其實按當時的情形來看，倉央嘉措怎麼也不可能是懷著「遊戲」的心情來到拉薩街頭的。

他每天從守衛森嚴，如同牢獄班的布達拉宮逃出來便已經實屬不易。還要處處小心，步步留意，又怎麼會如此大膽放心地「遊戲」於拉薩呢？他如果如此明目張膽，又何必化名宕桑汪波呢？

「商女」在古代就是指歌女。倉央嘉措是否在拉薩街頭遇見了一位歌女，我們已經無法得知，只知道，的確有那麼一位姑娘，身著豔麗的服裝，舞動令人愉悅的舞蹈，深深吸引了詩人。

匆忙地結下海枯石爛的誓言，轉眼之間，又化為了烏有。

在所有的愛情故事裡，邂逅總是那最讓人魂牽夢繞的一個情節。兩個原本陌生的人，在人來人往的街頭上，如被命運安排似的相遇了。四目對視時，是人們最相信奇蹟的一刻。冥冥之中，誰都期盼著萍水相逢的生命裡能掀起一點微瀾。

於是，他們如久別重逢的知音一般，敞開心扉，互相交談。聊著聊著，他們越來越投機。恨不得馬上和對方天長地久，天荒地老。

他們窺探了彼此內心最深的秘密，在這個寒冷而孤獨的世界裡，他們如兩株微弱的火苗，努力地

想要溫暖彼此的靈魂。他們在浮動的世界裡似乎看到了一種永恆。有一個聲音，似乎在鼓動他們為這個永恆付出一切，生命或者靈魂。內心的騷動無法抑制，一切就待爆發。

接著，世界突然之間重新又回到了原來的模樣。冰涼而平淡。炫目的光彩忽然之間消失了。只留下兩個形同陌路的人，驚訝於剛才的衝動。就只是前幾秒的溫柔，轉眼之間好像成了一個美麗的夢，無法追尋，無法捉摸。但彷彿依稀還有點影子。

於是，禮貌地點點頭，問候與致意。擦肩後，一切又回到了以前的樣子。生活還是如此平淡，一切幻想的美麗畫面都未曾出現。生活的浪花拍打上來，碎成一點點的水滴落入我們的夢裡，於是便有了詩歌。

很多時候，愛情兩個字不過是我們創造出來的一種意念。它猶如真理一樣，總是讓我們孜孜追求，卻永遠不可得到。

人們對倉央嘉措的愛情便注入了如此多的自我意識。但從另一個側面來說，這也不能代表倉央嘉措就真的沒有這樣一段愛情奇遇。只能說想像永遠是超越現實的。

而最後的現實也都如此：再見，然後再也不見了。

美人不是母胎生——美人如玉

在倉央嘉措眾多詩歌中，直接讚美心上人美貌的並不少，而有一首詩卻寫得非常別緻，獨具匠心。

美人不是母胎生，應是桃花樹長成，
已恨桃花容易落，落花比汝尚多情。

在古典詩歌中，以桃花比喻美人的詩歌不在少數，比如崔護的「人面桃花相映紅」。以落花比喻人生短暫無常的詩詞也不在少數，比如李煜「流水落花春去也」。

但如倉央嘉措這般，把美人無情與桃花易落相結合的卻極為少見。

倉央嘉措見到的這位姑娘，已經超越了肉眼凡胎的世俗美麗，集大自然的精華，納天地間的靈氣，才出落得面若桃花，嬌羞可愛。

可桃花易落，人生無常。愛與不愛忽然之間就改變。

桃花落下了，至少留下滿地的殘紅，可愛情走了，卻只留下他一人獨自傷感。

倉央嘉措逃出布達拉宮與情人幽會的事情敗露以後，桑結嘉措對他管得更加嚴格了。至於那位美麗可愛的姑娘，也早散去了天涯。

如果他們之間還是有愛的，這位姑娘一定嘗試過來尋找她的情郎，但注定她是不能實現這個願望的。如果他們之間已經不再有愛，這位姑娘也早已經兩袖一甩，遠走他鄉了。

無論是哪一種，個人的情愛在複雜的政治鬥爭中，永遠是脆弱和不堪一擊的。

然而，戀愛中的倉央嘉措，畢竟也是自私的。正如所有的愛情都自私，他嗔怪於姑娘的薄情，卻不曾考慮她也處於一個矛盾的情景中。

她離開他是出於自願的嗎？

其中難道沒有威脅或者恐嚇嗎？

她除了離開他，還有更好的保全他活佛地位的方法嗎？

他沒有想過，也不曾閃過一絲念頭。

情愛，本就是人之常情。每一個女孩要的不過是一個真心對自己的人，能夠生兒育女，平淡地度過一生。童話故事裡的愛情完美到讓人不知所措，傳說裡的愛情又淒涼到讓人扼腕嘆息。但無論是哪一種，都不是愛情的常態。

轟轟烈烈的愛情要嘛毀滅於燦爛之際，要嘛最終也被生活馴服，化為平淡。所以倉央嘉措的心上人選擇了默默離開，不管這背後她內心是如何考慮的，其中有多少糾結、痛苦、茫然、驚愕，這些都無關緊要。她不想成全了愛情，卻毀滅了生活。

所以只有離開，離開，離開……

年輕的倉央嘉措，卻只顧著追求自己的愛情，不曾仔細為他的心上人考慮。他畢竟還只是個不太成熟的小男孩。他什麼時候成熟？又會否，還有成熟的機會。

世間安得雙全法，不負如來不負卿——活佛的愛

在倉央嘉措的詩歌裡，恐怕沒有一首比「世間安得雙全法，不負如來不負卿」更為人熟知。這其中有不少功勞要歸於曾緘先生，是他的翻譯使得這首詩歌如此廣為人知。最初于道泉先生的版本是這樣的：

若要隨彼女心意，
今生與佛法的緣分斷了；

若要往空寂的山嶺間去雲遊，
就把彼女的心違背了。

而曾緘先生的翻譯如下：

曾慮多情損梵行，入山又恐別傾城，
世間安得雙全法，不負如來不負卿。

可見，曾緘先生的翻譯在原詩的基礎上有一定的加工和提煉。政是曾先生的「曲譯」，成就了倉央嘉措詩歌在漢語地區的廣泛傳播。

這首詩歌也能夠代表詩人對「愛情與佛法矛盾」這個問題的態度。

倉央嘉措愛美人，也愛佛法。

他在俗世的情愛和奧妙佛法之間徘徊矛盾，無論

布達拉宮供奉的純金佛像和純銀達賴像

他有多麼桀驁，卻也始終希望，能夠在情與佛中找到平衡點。

若他不是一個達賴，沒有清規戒律的束縛，那麼他的詩只是一個情郎為他的情人所唱的情歌。

若他不是從小被隱秘地撫養大，遠離布達拉宮，他不會還保留著屬於凡夫俗子的情根，那麼他也不會寫下如此多的情詩。

他的悲劇是獨一無二，不可複製的。

那我們呢？在我們的各自的生命裡，也實在有太多不得雙全的無奈。門第，金錢，家庭……甚至是語言，膚色都能成為愛情的攔路虎。愛情總是如此脆弱，一棵稻草的力量足夠瓦解它。曾經以為堅不可摧，天長地久的愛情在現實面前竟然是這樣的不堪考驗。

「來易來，去難去；分易分，聚難聚」，歌詞裡如是這樣唱道。

於是，無數的歌曲還歌頌著愛情的美妙，又有無數的歌曲又訴說著誰的別離。在愛情與世間種種偏見的鬥爭中，敗下陣來的往往是愛情。後來的後來，我們有了金錢，有了地位。但再遇見不到最初純潔的愛，只剩下被愛包裝起來的赤裸裸的欲望。

或許，愛情真的不是那麼重要。因為有人說，愛情也不過只是欲望的一種。

可如果它不重要，為什麼還會有那麼多人孜孜不倦的追求呢？

如果隨隨便便就可以得到的，又怎麼能叫真愛呢？

佛說因果，或許也有關愛情。在尋找愛情的路上，能夠經歷風霜雨雪的吹打和磨礪，才能煉就純粹無瑕的幸福。

但使儂騎花背穩，請君馱上法王家——新娘

在倉央嘉措的詩歌中，也有許多抒發自己矢志不渝之心的作品。其於上乘。

細腰蜂語蜀葵花，何日高堂供曼遮。
但使儂騎花背穩，請君馱上法王家。

含情私詢意中人，莫要空門證法身，
卿果出家吾亦逝，入山和汝斷紅塵。

倉央嘉措在此為我們營造了一個你儂我儂的畫面。他以細腰蜂自擬，以葵花擬意中人。一個

「語」字使得琴瑟相合，其樂融融的畫面躍然紙上。

然而，如果僅僅於此，那這首詩也算不上是一首上乘之作。倉央嘉措在這首詩上表現的大膽，讓人驚訝萬分。

宏偉的宮殿大堂中掛起曼遮（曼遮為佛前供養法也），不是為了開壇講道，也不是為了作法超度，而是成了詩人的新房！五花馬把詩人的心上人馱到了自己的廟堂！含情脈脈地問心上人，是否願意一生相隨？為了愛情，詩人甚至想放棄修行。佛門修行中的最高境界「法身」與愛情相比根本沒有了「誘惑力」。所謂「法身」在大乘佛界裡就是指清潔無瑕的內心，是修行之後，獲得喜樂的無上至寶。而詩人寧願拋棄這種「最快樂的快樂」，而選擇墮入紅塵中，感受紅塵的悲歡離合。愛情，這兩個字眼，包括的當然有幸福、歡樂，但也同樣包括著痛苦、折磨。倉央嘉措，毅然決然地與愛情站在了一邊。

然而，暢快淋漓的抒情過後，他卻選擇了與詩中所述完全相反的做法，他並沒有與佛法決裂，完全落入紅塵。

或是不敢，也不願。

倉央嘉措從小在桑結嘉措的看護下長大，看的都是關於佛法要義的書籍，接觸的人皆為佛門中人。在西藏與外敵的外部鬥爭和自己與桑結嘉措強的內部鬥爭中，他感到自己的渺小、無助。身不由

己就是他最大的感觸。「紅塵」或許就是他潛意識裡最想逃避的地方。

他的一生，或許嚮往的是寧靜的、遠離傾軋和鬥爭的生活。他想居住的地方，或許是那個牛羊肥美，草木茂盛，天空湛藍，高山巍峨，少了爾虞我詐的一份累心，多了一份真誠摯愛的輕鬆的地方。

他最大的夢想，莫過於和心上人一起逃離這個紛繁複雜的世界，去尋找屬於他們兩個人的「世外桃源」。

但夢想，卻始終只是夢中所想。

只是這一次，他似乎有些做過頭了。

說這首詩歌「驚世駭俗」並不為過。倉央嘉措竟然赤裸裸地向世界宣佈，掛著供養佛法的大堂裡，我要用最好的馬馱來我的新娘！風格頗為大膽和潑辣。

為什麼會出現這樣顯著的變化，我們不得而知。也許是因為，倉央嘉措此時正處於熱戀中，又或許是因為詩人還年輕，不知道自己這樣做的後果，又或許只是後人的誇張……

無論什麼原因，他這種對愛情的堅貞不渝讓我們感動和動容。

一個多情的僧人都能勇敢地去追求自己的真愛，更何況是我們這些沒有宗教禁忌的世人？有多少人，只是因為自己的軟弱而就這樣永遠擦肩而過了？

如果愛，就勇敢愛。

倉央嘉措想說的也應該如是。

醉鄉開出吉祥花——酒醉情迷

倉央嘉措的絕大多數詩歌表達的都是佛法與愛情的矛盾，有一首詩卻化佛法入情愛，情理結合，顯現出與眾不同的藝術品質。

醴泉甘露和流霞，不是尋常賣酒家。
空女當壚親賜飲，醉鄉開出吉祥花。

某年，某月，某日，他又從布達拉宮偷偷溜出，來到了一家不尋常的酒家，在那裡，他從窗口中望著天邊的雲霞，接過了店家遞過來的一杯極不尋常的美酒。這杯酒，散發出無與倫比的香氣，讓人聞之即醉。

他凝望著杯中的美酒，瞬間，這杯酒，竟然也可以和流霞一樣瞬息萬變，入口時候有一種味道，過一會兒，新的香醇又漸漸在味蕾中蔓延。

倉央嘉措，似乎於此，感受到了一股醍醐灌頂的佛理。

空女，天女也，諸佛眷屬，能夠賜福於人。這便是這家酒家最與眾不同的地方。

猶如「空女」般的酒家女親自為他斟酒，一杯下肚，便已到達飄飄欲仙的快樂境界。在美酒和伊人的陪伴下，倉央嘉措漸漸進入了迷迷糊糊的虛幻之境，境中開出了吉祥的花朵。

人生如此，豈非極樂？

酒坊，似乎是世間最無拘無束的地方。在這裡，人們可以盡情地喝酒，盡情地釋放自己，任意地給自己一個解脫的理由，在這裡沒有煩惱，沒有鬱悶，只有逍遙，只有快樂。

而寺廟之地，卻是世間有最多清規戒律的地方。在這裡，人們必須潛心向佛，無欲無求，拋棄一切雜念。可以說，這是兩個對比最極端的地方。

但對倉央嘉措來說，他卻用諸佛眷屬來借喻酒家女，在矛盾中使得這間酒家頓時有一種光環。這間酒家不僅僅只是一家酒家，更是一個讓他忘記俗世煩惱的「世外桃源」。

這個酒家，它有著如同佛法般，使人超脫生死情愛的能力。

微醉之後，倉央嘉措再次提起他的神筆，描繪出了這樣一幅景象。

一個風塵僕僕的旅人，人困馬乏之際，來到了一家小酒家，美麗吉祥的酒家女為他斟上一杯美酒，抿上一口，頓時忘記了一路的疲憊與困乏。或許這也是倉央嘉措一直嚮往的生活，可以逍遙自在地遊走在這人間，可以有一個依靠，忘記所有煩憂困苦，遠離一切明爭暗鬥。

倉央嘉措，這位多情的和尚，最終也只能在詩歌裡尋找自己的理想。

不幸的是，在歷史長河裡，他的理想卻也隨著康熙皇帝一道命令一起破滅。從此以後他的傳說便停駐在了美麗清澈的青海湖畔。

湖水依舊注視著這個瞬息萬變的世間，而倉央嘉措的故事也早幻化成了傳說。

雙眸閃電座中來——少男少女

倉央嘉措用詩歌承載愛情，儘管他從未得到過一份完整的愛情。

貝齒微張笑靨開，雙眸閃電座中來。
無端覷看情郎面，不覺紅渦暈兩腮。

當戀愛來臨的時候，少男少女少不了眉目傳情，暗送秋波。當倉央嘉措看見那個少女的時候，她笑顏如花，優雅地露出潔白的牙齒。忽然，她趁著眾人不注意，偷偷地用眼角注視著她的情郎，雙頰飛上了一片緋紅。她的眼眸明亮動人，勾人心魄。

當他凝視她的時候，那一個瞬間，有世界上所有的光，那一個瞬間，有世界上所有的悸動，在那個恰好的剎那，雙眸邂逅，然後便是命運的指引去愛的路。

儘管這個愛的道路是如此艱鉅，如此佈滿荊棘。但愛的那一剎那，卻始終美好。

根據記載，在倉央嘉措年輕的時候，他常常邀請朋友們來布達拉宮作客。他們一起唱歌，跳舞，遊戲。達娃卓瑪就是他的這群朋友中最能歌善舞，最活潑可愛的一位。她時常為大家一展雲雀般美妙的歌喉，跳一段婉轉舒展的舞蹈，給大家帶來歡樂。

年輕的倉央嘉措被她深深吸引了。為了能經常見到達娃卓瑪，又不想被別人看出他的用意，他總是邀請一群朋友一起在布達拉宮的花園裡玩耍。

一開始，他們玩得非常盡興，盡情揮霍著屬於他們的青春美好時光。

漸漸的，關於倉央嘉措在拉薩街頭尋歡作樂的流言越傳越盛，更有人說倉央嘉措愛上的姑娘就是那個經常來花園跳舞的達娃卓瑪。

桑結嘉措知道以後，勒令倉央嘉措停止邀請他的朋友們，特別是達娃卓瑪。

年輕的戀人就這樣被棒打鴛鴦，再也沒有見面。

當愛情來臨的時候，他和她，彼此之間突然像共有一個心臟一樣。彼此的一個眼神，一個動作都刻刻傳遞著愛的訊息，每一個神態，彼此都能互相感應。

情竇初開之際，愛情萌發之時，誰還介意那些世人的桎梏和偏見？

所以，原諒我們這位活佛的多情吧。面對感情，我們都是如此相同。

二、外觀是僧內是俗

——還原真實的倉央嘉措

無奈此心狂未歇——陷入愛的和尚

倉央嘉措，現在面臨著兩個截然不同的選擇：是義無反顧地投入茫茫的紅塵裡，感受世人平凡而盛大的種種悲喜，還是坐上西藏的最高寶座，俯視渺小的眾生們如何忙忙碌碌。

在常人看來，這後面的一條路當然是最好不過的了。作為達賴，他擁有不容置疑的宗教地位，他集天地之間所有的榮光，浩浩乎如清風，渺渺兮如仙列。在這雪域之巔，他就是最高的王，他就是權威的象徵。

然而，他的內心，卻與達賴之名相去甚遠。他偏偏更愛紅塵俗世的微小瑣事，他偏偏更喜歡眷戀

於男女情愛的歡喜中。這樣的選擇，源於的是他未曾停歇的「狂心」。

至誠皈命喇嘛前，大道明明為我宣。
無奈此心狂未歇，歸來仍到那人邊。

其實，倉央嘉措內心也並非坊間傳言的那般輕薄浪蕩，對於佛法，他已經盡力去潛心研究。因為，他畢竟是作為一個靈童活在世上，他從小就要學習很多課程，最主要的當然是佛法。

這點毋庸置疑。倉央嘉措自己也明白，他所研習的是充滿智慧的無上佛法，而且更有「當仁不讓」的氣魄。他知道，自己是五世達賴轉世，儘管他不願，卻也要表現出極高的慧根。

然而，現實的狀況卻始終不如人意，他的生活，終究被從高高的宗教神聖拉到了平凡人的位置上。他，看似如同世間一濁物，竟隻身拋棄精妙佛法，選擇和凡夫俗子相會。而這其中的勇氣卻鮮有人能理解。

唐伯虎有詩曾曰：別人笑我太瘋癲，我笑他人看不穿。世人都道榮華富貴好，轉眼一抔塵土不見了。

清朝時候的西藏，宗教與政治是合一的。一個人能夠看淡權力與威望，那才是真正的超脫與淡

然。而倉央嘉措便是這樣一位「只愛美人不愛江山」的活佛。

然而，他內心中的「狂」僅止於此嗎？如果他果真「狂」，那麼又怎麼會最終又「仍歸到那人邊」呢？

他希望與心愛的人一起放浪形骸於山水間，自在逍遙於天地外。能夠賞清風明月，品美酒佳釀，觀歡歌跳舞。不理殘酷的政治鬥爭，遠離煩囂的俗世。作為一個年輕人，也從來沒人告訴他這個花花世界到底有著多少暗堡和礁石，每天面對佛經木魚，未曾沾染半點紅塵又如何能體會佛法中超脫紅塵的精妙奧義？

所以，他向佛法求援，卻苦於自己修行未夠，終不得道，便求之於街角酒肆間，那裡有最平凡也最真實的人們，人們可以在那裡擁有俗世間最快樂的時光：美酒，舞蹈，音樂，盈盈笑語聲充斥著他的感官，刺激著他的神經。

他終於感受到了一個普通人的生活，終於體會到了塵世的面貌。這個部分人眼裡「洪水猛獸」般的世界在倉央嘉措眼裡比每天單調乏味、刻板森嚴的布達拉宮的世界有著與眾不同的風韻。

然後，他戀愛了。他在不曾體會過的世界裡嘗到了愛情的滋味。一朝落入愛情，便再無爬出來的可能。

他的愛情，不過是他在這個紅塵俗世裡找到的最美妙和幸福的東西。他的愛情讓他流連忘返於這個五光十色，目眩神迷的紅塵世界。所以他的「狂」不僅僅是對愛情的執著，也更是對紅塵無限的眷戀。

說到底，他要的和我們每個普通人想要的沒有什麼不一樣。一份真愛，只要一份就夠了。

瓊筵果奉佳人召——愛情至上

這位大膽的和尚，有時候甚至公然在佛祖面前表達他的情愛。確實讓人咋舌。

為豎幡幢誦梵經，欲憑道力感娉婷。
瓊筵果奉佳人召，知是前朝佛法靈。

「幡幢」是佛教講經時候懸掛的物品，當他擺好講經作法的各種準備，準備開壇講法時，卻突然感受到了

心上人的存在。

華美的竹席，珍稀的水果，一切為了侍奉佛祖的排場儼然都成了為迎接心上人的盛宴。心上人果然被召入心頭，倉央嘉措，此時竟然還大膽地感謝佛祖顯靈，幫助自己召喚到了心上人。

分明是他自己思念心上人，卻在詩中表示，說是心上人是被召喚才來的。

但此首詩歌裡的大膽露骨的確讓人瞠目結舌。

不過，倉央嘉措的這首詩歌，也屢屢遭遇質疑。許多人也曾懷疑，這首詩並非是一首情詩，而是以情喻佛。「娉婷」，其實就是佛祖的代言詞。

那麼，他究竟是在思念心愛的女子，還是以此感悟佛祖的教化呢？

讓人不願相信的是，如果此詩是講述的佛法，那麼全詩便沒有任何值得令人稱道之處。如果是這樣，倉央嘉措便無非是講述了自己先為誦經講法做的準備，做好一切準備，迎接佛祖來臨，感受佛法，然後果然感受到了。

如是如此，實在枯燥至極。

可見，決定這首詩歌內容的關鍵因素便是「娉婷」二字。所謂「娉婷」就是美女。那麼這個美女又指的是什麼呢？

是特定的一個女孩子？還是某一類特定的女性？或者藉由美女指代的別的東西。猶如中國古典詩歌中以「香草美人」喻為君王的傳統。

要分析這個問題，我們先看整首詩的內容。倉央嘉措迎接的或許並不是真實的人，而是心中所念之物的影子。他心中所想的只是一種意念。那麼就可以排除「某一類特定女性」的可能性。因為「某一類特定女性」本身就是抽象的、意念的，意念的意念當然玄之又玄。

如果是特定的女孩子，那麼應該是他的心上人達娃卓瑪。但是在沒有任何證據的情況下，這個說法也只能有待考證。

如果是指佛祖，那麼正如前文贅述的，這首詩歌只是非常普通的一首詩歌。

然而，我們所謂的愛情本身和佛法不也一樣是一種理念，一套抽象的理論嗎？當我們說我們陷入了愛情，可這愛情又在哪裡？它沒有形狀，沒有顏色，沒有味道，不可觸碰。它只在我們的心裡。

既然倉央嘉措是在感受一種意念，那麼他是否只是在感受愛情本身而已？

比之佛法，他似乎更需要愛情。

從初戀情人瑪吉阿米到後來的戀人達娃卓瑪，他在她們身上尋找到的是愛情的光輝，愛情的甜蜜和苦澀。他需要愛情讓他感受這個世界，他需要愛情來尋找在這個黯淡的世界裡存在的微弱的光。而那個人是誰，於他而言，其實並不重要。

愛情，愛情本身就好。

而倉央嘉措，唯有在詩中寄託自己孤獨的愛。唯有在腦海裡召喚自己孤獨的愛。

但使有情成眷屬——酒肆之愛

二十四歲的倉央嘉措被康熙皇帝一紙命令押送至北京。他的政敵拉藏汗罵他「淫亂」，以此理由向康熙參奏了一本。詩人有很多詩歌寫到自己遊戲於酒肆的經歷，這不免讓人抓住口舌，成為日後被敵人用來拿作「證據」。其中有一首詩歌，主要說的就是他在拉薩酒肆的經歷。

飛來一對野鴛鴦，撮合勞他貰眷屬，
但使有情成眷屬，不辭辛苦作慈航。

「鴛鴦」是中國古典詩歌裡常出現的意象，一般用來比喻夫妻恩愛，和和美美。「一對鴛鴦」指的當然是一對情意正濃的情侶。可是為什麼倉央嘉措偏偏卻加一個「野」字呢？

這又不得不說到他的特殊身分。他作為活佛，在布達拉宮裡卻要處處留心，時時在意，外防準噶爾和蒙古勢力，內患桑結嘉措一手遮天的勢力。他在拉薩街頭的酒肆裡遇到了一位心愛的姑娘，和她結成眷侶。這當然更是作為活佛的禁忌。

從他的內心深處，便對這段感情抱著悲觀的態度。他知道快樂是短暫的，他們的愛情是不被祝福的。一個「野」字就顯露出了他這種悲觀自卑的情緒。

何為「野」？「野」就是山野，叛逆，非正統。在倉央嘉措的心裡，他的愛情更是去對抗這個禁錮著他的環境的一種方法，是他尋求自由的一種表現。

拉薩酒家似乎是一個撮合痴男怨女的極佳之地。拉薩的男男女女，似乎都能在酒肆之中，找到屬於自己的意中人，他們甚至能在此盡情狂歡。

這一切的一切，當然成了倉央嘉措「淫亂」的有力證據。如果這首詩的確是倉央嘉措寫的，那麼連他自己都承認他常常流連於煙花之地，難怪他的政敵要拿這個原因罷黜他。

且不討論這首詩歌是倉央嘉措作品，還是後人偽作。就單從前面兩句詩來說，詩人給我們塑造的的確是一個浪蕩的花花公子形象。

那麼倉央嘉措真的只是這樣一位遊戲花叢的浪蕩公子哥嗎？

似乎，事情並不如字面上所寫的那樣。

我相信，只有真愛才能讓一個人把它與「慈航」類比。佛教稱佛、菩薩以慈悲之心救度眾生出苦海，有如舟航，故名為慈航。

試想一下這個世界上還有什麼比佛的慈悲更讓一個和尚值得稱頌？還有什麼能勝過無上奧妙的佛法？

詩人把酒肆的撮合看作是「慈航」，可見對酒肆的感激之深，足見詩人對這個女孩子用情之切。而他也不過是普普通通的男人罷了，要的也不過是情人最溫柔的陪伴。雖然這段姻緣起源在看似「不堪」之地的地方，卻根本不讓這段愛情添加任何雜色。它是最純潔的，最真實的，最誠懇的愛。

可憐的倉央嘉措，一時詩性大發，即興作詩一首，沒想到後來卻被政敵抓住了把柄。

命運本如是，作為後人的我們也唯有長吁一嘆！

新月才看一線明——小人得志

在倉央嘉措的詩歌集中，也不乏譏笑之作。

新月才看一線明，氣吞碧落便橫行，
初三自詡清光滿，十五何來皓魄盈？

新月出來，猶如細絲一般，東方碧霞滿空，新月的氣魄，盛氣凌人。即便初三的月亮，也自誇自己清亮圓滿，這又置十五的月亮於何地呢？

倉央嘉措，似是受到極大打擊，字字利刃，句句帶有譏諷的意味。

他譏諷的人究竟是誰？他和他們，又有何淵源呢？

綜觀倉央嘉措的前半生，他生命中最重要的兩個對手，一個是他的政敵拉藏汗，另一個是他恩如師尊的桑結嘉措。

首先，讓我們分析這位「小人」是否有「拉藏汗」的可能？

倉央嘉措從小生活在蒙古、準噶爾和西藏三者之間政治鬥爭的漩渦中。作為活佛，他是這場鬥爭中很關鍵的一個人物。五世達賴去世後，把振興格魯派，趕走蒙古的重擔交給了他的弟子桑結嘉措。桑結嘉措當時的地位是「第巴」，主要職務是輔佐達賴管理行政事務。通俗來說，如果達賴的地位是「皇帝」，那麼「第巴」的地位就是「宰相」。可以說這是一個非常有權有勢的職務。

元世祖忽必烈給西藏的海螺

我們前面已經提過，五世達賴去世，桑結嘉措匿不發喪，整整隱藏了十幾年。他秘密找到五世達賴的轉世靈童，也就是倉央嘉措，並且暗中培養他。但在他的活佛身分被世人得知之前，真正掌管大權的是桑結嘉措。所以進行主要政治鬥爭活動的也是桑結嘉措和拉藏汗。

桑結嘉措企圖用下毒殺死拉藏汗，事情敗露後，他最終被拉藏汗勢力所殺。雖然從政治的立場上，拉藏汗無疑是倉央嘉措的敵人。但他們之間其實並沒有正面的接觸，沒有正面的摩擦。那個時候倉央嘉措也只是一個孩子，沒有任何的政治鬥爭經驗，根本不是狠辣的拉藏汗的對手。而且拉藏汗也知道，倉央嘉措只是桑結嘉措的一個傀儡，所以他沒有把倉央嘉措當作主要的政治對手。他們之間也沒有什麼正面來往，所以說小人是拉藏汗並不合理。

那麼，這個「小人」是指桑結嘉措嗎？倉央嘉措，會把這個「再生父母」稱為小人嗎？

或許吧。

倉央嘉措從小到大都生活在桑結嘉措的控制下。從他被桑結嘉措認定為五世達賴轉世靈童起，他的起居、飲食、學習等等都一手由桑結嘉措掌管。從好的來說，桑結嘉措集倉央嘉措的父親、母親、老師為一體，給予他從生活上到學習上一切的幫助。從壞的來說，桑結嘉措掌握著倉央嘉措的一舉一動，一言一行，壓制著他的自由。

不難想像，在倉央嘉措的心裡，一定認為桑結嘉措是個「專權跋扈」的人。當時，他的權力的確是蓋過了擁有達賴之名，卻沒有權力實質的倉央嘉措。倉央嘉措感覺到自己被「軟禁」在布達拉宮，所以不顧一切要溜出布達拉宮。桑結嘉措當然也要竭盡一切遏制倉央嘉措「溫飽思淫欲」的念頭，想盡了辦法看守他。每夜派遣兩個人看管著倉央嘉措。倉央嘉措失去了自由，而感到非常憤怒。

所以，把「小人」認為是桑結嘉措是比較合理的。倉央嘉措對自己的軟弱感到痛苦，但又無奈於桑結嘉措的強大。所以他只能選擇在詩歌中宣洩他的不滿。

少年瑣碎零星步——少年往事

其實，倉央嘉措並非不知，自己的行為讓人咋舌，讓人無法接受。他在一些詩歌裡便有寫道。

行事曾叫眾口嘩，本來白璧有微瑕，
少年瑣碎零星步，曾到拉薩賣酒家。

在寫下這首詩之前，他曾到酒家裡與姑娘約會，曾與心愛的女人歡歌樂舞。然而，曾經的年少輕狂，曾經的大膽讓所有人都驚駭，然而一切不過是曾經……前塵往事如同雲煙，想起來的時候竟然那

麼輕，那麼輕。對於倉央嘉措來說，這始終，都是一種遺憾。

在他的心目中，自己一生唯一犯下的錯誤，就是出去「花天酒地」。

對於這位神奇的活佛，我們還有什麼可說的呢？在別人看來違犯清規戒律，不可原諒的行為，對於他來說，只不過是「白璧微瑕」。也就是說，倉央嘉措其實並沒有覺得這是一個非常重大的「錯誤」。雖然他的確認為他的行為是不對的，但是他覺得這個錯誤並不是什麼原則性的錯誤。

他覺得這不過是自己年少輕狂時候偶爾來到拉薩的酒家去玩玩而已。也不過只是遇見心愛的女子，一時墮入紅塵而已。

這裡值得注意的事情就是，為什麼讓眾人譁然的事情，在倉央嘉措的眼裡看來其實並沒有那麼嚴重呢？

唯一的解釋就是，眾人對他的標準和他對自己的標準是不一樣的。

「倉央嘉措是誰？」如果有人提出這樣一個問題，那麼你肯定回答：「他是六世達賴。」然後再開始介紹他的生平和經歷。

可見，在別人的眼裡，倉央嘉措的涵義就是達賴。他應該正襟危坐，每日吃齋念佛，開壇講經。他最重要的身分便是「達賴」，象徵著宗教的權威，象徵著一個崇高的理念。而倉央嘉措的身體是容納這個崇高理念的軀殼，這個軀殼不僅僅屬於他自己，更屬於全西藏。他的行為不僅僅代表著他個人的情感，更代表著至高無上的宗教權威。所以人們對他的要求當然不止於「人」這個層面，還要求他處處顯示出一個領袖應該有的氣質。

然而倉央嘉措對自己的認知卻只停留在「我是倉央嘉措」的層面上。而形成他這種認知的原因是多重的。首先，倉央嘉措當時歲數還小。一位再偉大的禪師也有無知懵懂的少年時期。其次，自從他被選為轉世靈童之後，他並沒有正式進入布達拉宮學習，保留了他人性裡原始真實的一面。最後，由於桑結嘉措對倉央嘉措的「監守」，讓倉央嘉措心生叛逆，任性妄為。

按照活佛的標準，倉央嘉措的任務是精研佛法，讓自己成為一位博學的、受人們尊敬的佛學大師。而且按照當時的政治局面，西藏也急需一位政教合一的領袖，領導西藏人民取得自由。這要求倉央嘉措具有豐富的政治經驗，老練的政治手腕。而年輕的倉央嘉措當然還不足以和拉藏汗這樣老奸巨猾的人物直接對抗。如果他只是比較平庸，碌碌無為，那倒也情有可原。使人震驚的是，他不僅僅沒能讓自己成為一代宏才偉略的政治家，更打破佛門清規戒律，耽於酒色。作為一門僧人，「六根清淨」是最基礎的要求。他作為活佛連這點要求都做不到。所以拉藏汗稱呼他為「淫僧」其實不偏於道理。

然而按照倉央嘉措對自己的要求，這樣做對他來說其實並沒有多麼「嚴重」。他要的是作為「宕桑旺波」的世俗之人的快樂，而不是作為「倉央嘉措」的威嚴法相。他覺得自己只是一個打破了戒律的普通和尚，不曾料到自己的行為竟然攸關於整個西藏、他的人民。從他拒絕接受比丘戒中可以看出

倉央嘉措其實對自己活佛的身分並不認同。他認為，自己不能擔此重任，不能像他的前世五世達賴一樣，成為一個偉大的宗教和政治領袖。

其實，他的理想只不過是攜家帶口，到一個平靜的小村落，平淡無奇地度過他的一生。對於其他尊他為活佛的人來說，這是不是有些太令人驚訝了呢？

而當回憶往事，身不由己的倉央嘉措也只能假裝很無辜地說一句：那不過是年輕時候的不懂事。

伺隙蒼鷹哪得攖？——間隙

倉央嘉措的確是至情至性之人，心裡如何想，筆上便都一覽無遺。他在拉薩漫遊的事情敗露，倉央嘉措甚有怨言。

鳥對垂楊似有情，垂楊亦愛鳥輕盈，
若叫樹鳥長如此，伺隙蒼鷹哪得攖？

鳥與垂楊互相愛慕，深情款款。如果這份深情一直保持著，又怎麼會讓蒼鷹找到機會來擾亂鳥與垂楊呢？

我們無須分辨，倉央嘉措與他的情人，究竟誰是自由自在的小鳥，誰是迎風擺弄的垂楊。但蒼鷹，卻始終是橫在他們之間的巨大障礙。

蒼鷹是誰？是情敵嗎？但倉央嘉措在任何時候，都從未提及他曾被橫刀奪愛。如果他此時的戀人是達娃卓瑪的話，在他與達娃卓瑪的戀情裡面，唯一能夠阻礙他們關係的人只有一個——桑結嘉措。

達娃卓瑪是拉薩當地一位有權勢人的女兒。出身名門，卓爾不群。深得倉央嘉措的歡喜。一般來說，未出嫁的女孩子不適宜拋頭露面。對於一個名門望族的大家閨秀更不用言說。然而她的父母卻並沒有對她去酒肆玩樂多加干涉，可見她的父母親並不是典型的「封建」式的父母，而是較為開明大方的。

作為父母，當然不會對女兒的交際圈不聞不問。既然他們並沒有正面表態，那麼其實就是默認自己的女兒與「宕桑旺波」的交往。所以，達娃卓瑪的父母不會是阻撓他們的人。

而英俊瀟灑的「宕桑旺波」公子幼年時候就離開父母，遠離家鄉。一些傳記為了渲染他的傳奇命運，還故意把他安排成一個兩歲喪父，受親戚歧視的可憐小孩。他所受的教育絕大部分來自於桑結嘉措給他聘請的大師們。而桑結嘉措對倉央嘉措的照顧也可謂事無巨細，盡心盡力。倉央嘉措敬他，依賴他。

但是，他們之間有一個本質的不可調和的矛盾。桑結嘉措所做的一切是為了把倉央嘉措培養成他所「需要」的活佛。倉央嘉措最好溫順、聽話，這樣就可以讓大權直接旁落在他的手上。

而倉央嘉措卻只想做回真正的自己。他對桑結嘉措的情感，複雜至極，矛盾至極。他不得不依賴他，在他的庇護下成長，卻在某些時候，如此希望衝破他的束縛，得到獨立和自由。

在桑結嘉措眼裡孱弱的倉央嘉措也已經長大了，他在努力尋找自己的快樂和所需。雪地上的兩行腳印洩露了所有秘密。桑結嘉措當然非常震驚和憤怒。他對倉央嘉措的看管更加嚴格了。於是便有了倉央嘉措的「蒼鷹」之嘆。

倉央嘉措，他不僅對「蒼鷹」流露出了怨恨之情，也對自己的心上人產生了埋怨之意。

問題是，他是否想過，他的女孩其實是這段愛情中最為悲劇的人物。昔日一起歡歌笑語的情郎轉眼之間成了活佛真身。從此天涯一方，各自殊途。面對紛繁複雜的政治鬥爭，他們的愛情注定是個沒有結局的悲劇。

張牙舞爪欲為災——軟弱的活佛

在《倉央嘉措情歌全集》中有一首詩歌與詩人的愛情，身世都沒有關係。這也從側面證明了《倉央嘉措情歌全集》其實並不是一本情詩集，而是一本情詩佔絕大篇幅的詩集。

縱使龍魔逐我來，張牙舞爪欲為災，
眼前蘋果終須吃，大膽將他摘一枚。

雖然本首詩歌語言樸素直白，但是如果沒有注釋的話卻很難理解。起句「縱使龍魔逐我來」中的龍魔就頗讓人費解。「龍魔」這種生物竟未曾聽說過，也不知道古人所指的「龍魔」到底是生物界的確存在的動物還是只是一種傳說中的動物。或者這種動物曾經生活在古代，但是現代已經滅絕。這些都已經無從考證。按曾緘先生的注釋來說：「龍魔謂強暴。」這樣的注釋也不知從何講起。因為也沒有任何證據顯示這種神秘的動物和「強暴」有著某種象徵的聯繫。我們唯一知道的是，這種動物曾經給百姓帶來了災難。後來百姓就用「龍魔」來形容「強暴」。

那麼前面兩句話的意思就是說詩人遇見了一位壞蛋，張牙舞爪地想要對一位女孩子進行強暴。按照情理來說，當我們發現身邊有人正在進行強暴，我們必定會挺身而出，見義勇為，將不法分子制伏。

但是倉央嘉措卻非常懦弱，選擇了視而不見。他選擇了放任這個無恥之徒強暴這個女孩子。這似乎並不是真實存在的事情，這首詩究竟在暗喻些什麼呢？是倉央嘉措對現實的無奈，還是他對自己無力改變命運的悔恨？

詩意晦澀，我們無從得知事實真相，但至少我們可以從這個事情中更深入瞭解他的性格。他的情詩大多活潑生動，給我們展現的是一位開朗瀟灑、意氣風發的年輕人的形象。而這首詩歌裡就顯示出了他性格中一些不為人知的特點。

他未能出手去相救被強暴的女孩子。這個事實說明了他性格中的軟弱。造成他在那個剎那軟弱的理由是複雜的、多重的。有一些是無法避免的，比如人性中趨利避害的本性，多一事不如少一事的天性以及事不關己高高掛起的冷漠態度，另外一些原因則和他的成長環境有關。

他作為一個活佛，從小養尊處優，人人尊敬他，愛戴他，可謂過著飯來張口，茶來伸手的生活。可是他又和其他活佛不同的是，他並沒有政治上的實權。他從小做任何事情與決斷都必須由桑結嘉措經手，導致倉央嘉措感覺自己的無用。進而選擇逃避。

他雖然未能出手相救被強暴的女子，但是於良心上卻無法逃避愧疚與不安。這首詩歌可以說就是他懺悔的證明。可見他的秉性善良，並不是天生的冷血動物。而是在強大的外界環境裡，性格中的軟弱一面，導致他不敢挺身而出，從壞蛋的手中將女孩子救下來。

這種軟弱的性格也能夠解釋，為何他在拉薩玩樂的事情暴露後，他沒有好好反思自己的行為，反倒對他的心上人產生抱怨之情。

這或許是世間最為悲哀的悲劇了，因為，他悲劇的一生雖並不是由他的軟弱直接造成，卻也是由他的性格，間接推波助瀾才逐漸形成的。如果他能夠在桑結嘉措強大的陰影下反抗成長，成為一位像五世達賴一樣宏才偉略的政治家，那麼也不至於落到被逼遠走他鄉，客死青海湖畔的悲慘結局。

龍鍾黃犬老多髭——看門人與雪地

雖然倉央嘉措能夠在夜晚溜出布達拉宮和情人約會，但他自然會遇到很多阻礙。他的一首詩歌中有說到這方面的內容。

龍鍾黃犬老多髭，鎮日司閽仗爾才，
莫道夜深吾出去，莫言破曉我歸來。

倉央嘉措，他一向直率，直率到讓人無法忽視那些字字珠璣的詩句。在這裡，他毫不客氣地將對

方罵為老態龍鍾，長滿鬍鬚的看門狗，每天只會躲在門外，監視他的看門狗。

然而，即便是「狗」，倉央嘉措也無法完全忽略他們的存在，依然要小心翼翼的告訴他們，深夜的時候，不要將他偷偷溜出宮去的消息告訴別人，更不要告訴別人，早上的時候，他才回來。

但這其中，依然有著重重疑點。這個看門人，究竟是誰，他會不會也在暗中幫助這個可憐的小活佛呢？但如果是這樣，倉央嘉措又為何要將他比喻為「犬」呢？

這其中的牽連，實在讓人匪夷所思。

布達拉宮是藏傳佛教的聖地，倉央嘉措作為活佛，他的寢宮必然有人嚴格把守。而且桑結嘉措在當時作為一手遮天的前輩，也給倉央嘉措安排了許多人一邊保護他，一邊看守他。倉央嘉措如果能溜出去一次去拉薩街頭的酒肆玩樂，那麼我們可以猜測，倉央嘉措靠自己的聰明才智，蒙混過關，瞞住了守門人的視線。

可是，倉央嘉措出宮的次數顯然不是一次兩次，如果沒有守門人的配合，恐怕他也不會輕易地能與心愛的人幽會。而且既然能和一個女孩子產生戀情，詩人出去玩樂的次數肯定非常頻繁。可見守門人對倉央嘉措其實不甚嚴格，甚至有有推波助瀾的可能性。沒有守門人的成人之美，恐怕倉央嘉措也不會和一位女孩子建立戀愛關係了。

所以，從這個角度來說，守門人可謂倉央嘉措的恩人。

倉央嘉措口中的「黃犬」，不是守門人，又會是誰呢？

如果我們把第一句話認為是第二句話的主語，那麼一二兩句話的意思就是「龍鍾黃犬依仗著你，讓你每天看守著門，不讓我出去」。那麼「龍鍾黃犬」和「守門人」就完全不是同一個人了，而是「龍鍾黃犬」命令或者倚靠「守門人」來監視他。而後面的「莫道夜深吾出去，莫言破曉我歸來」，則可以理解為，倉央嘉措自己囑咐「守門人」不要和那位「龍鍾黃犬」彙報我白天晚上的行蹤。

情況一下明瞭了許多。很顯然，除了桑結嘉措，沒有人會限制尊為活佛的倉央嘉措的行動。那麼倉央嘉措所罵的「龍鍾黃犬」，當然就是指的桑結嘉措了。

這豈止是一句「年少輕狂」可以概括的行為啊。

桑結嘉措作為第巴，職責應該是輔助活佛管理日常事務。活佛雖然年幼，但是他的地位是不可以動搖的。無論如何，桑結嘉措的出發點還是希望倉央嘉措能繼承五世達賴的遺願，驅逐走西藏的蒙古勢力，實現真正的政教合一。這就好比一對父母，無論怎樣管教自己的孩子，他的出發點始終是為了孩子好一樣。

但對於這個正處於叛逆期的少年來說，每日生活在桑結嘉措的監視之下，已到了無法忍受的地步。

或許，他實在還是太年輕了。

他還年輕，年輕到必須依靠桑結嘉措，從這位長輩那邊獲得政治經驗，學習各種佛學教義；他還年輕，年輕得希望能夠馬上長大，馬上突破桑結嘉措的束縛，實現他自己的政治理想，獨立地統治西藏。

矛盾，實在太過矛盾了。在這樣無比矛盾的心態下，桑結嘉措的任何舉措都讓他非常敏感。當桑結嘉措派人手來監視著他的出行，阻止他與心愛的人見面的時候，他忍無可忍，終於爆發。

但他畢竟太過弱小，無論怎樣無法忍耐，他的爆發也僅僅只是「紙上談兵」。事實上，他不得不依仗著桑結嘉措。因為當前的主要矛盾並不是他和桑結嘉措的內部矛盾，而是西藏和蒙古，西藏和準噶爾的矛盾。沒有消滅掉他們共同的敵人之前，他必須和桑結嘉措站在同一條線，在這其中他只有養精蓄銳，等待羽翼豐滿。

於是，孤獨的倉央嘉措，只有在他的詩裡恨恨地罵上一句「龍鍾黃犬」。

不久與君須會合——愛的誓言

自從倉央嘉措「花天酒地」的事情敗露，他的詩歌風格也急轉直下。少了少男少女之間朦朧歡快的活潑，多了幾分成熟、滄桑和傷感。比如下面一首：

輕垂辮髮結冠纓，臨別叮嚀緩緩行，
不久與君須會合，暫時判袂莫傷情。

倉央嘉措為了方便出遊，於是戴上假髮和帽子，把自己改裝成俗人的打扮。但偽裝卻隱瞞不了多久，事情很快便敗露了。

令他悲傷無比的是，當他抒發這段抑鬱的感情時，他早已被人扣上了「淫僧」的帽子。

數年前，當他跟著神秘使者一同離開家鄉時，他一定是快樂且充滿希望的。他始終不曾想到，有朝一日，他會四面楚歌，會如現在這般孤立無援。

事情敗露後，處心積慮要吞併西藏的拉藏汗，借題發揮，向康熙請奏，廢除倉央嘉措六世達賴的身分，重立活佛。自此，倉央嘉措不僅自身飄零，就連整個西藏，都陷入了前所未有的危機中。

但此時此刻，他畢竟還坐在活佛的位置上。或許，在他心中，已隱隱知曉，離別的那天，已不遠了。

他，雖是已預見離別，但離別之中，似還帶點溫情、纏綿、無奈。溫情，是因為不久前遇見的那個可人兒。纏綿，是因為愛的熱烈，愛的不捨。他可以捨棄活佛的位置，可以捨棄錦衣玉食，可以捨棄一切尊貴的稱謂，但他無法捨棄對她的愛，無法捨棄那一眼的回眸一瞥。

但，儘管不捨，卻也不是他能掌控的結局。他無奈，無奈自己的軟弱，無奈自己的無力，無奈自己無法控制的人生。

那股預兆降臨的時候，他和她都知道，在以後的生命裡，他們再見面的機會幾乎是零。於是，在分別的時候，他們有無數要互相叮囑的事情。細小的、繁瑣的……任何一個小小的部分都讓他們彼此放心不下。「緩緩」二字我們更能感覺，他離開時候的那種痛苦、不捨還有無奈。

於是，他安慰她，安慰她在不久的將來，他一定會再次出現在她面前。但這番安慰，卻在殘酷的現實面前被擊得粉碎。他和她心裡都明白，這一去，不是漫漫無盡的生離，便是不可挽回的死別。又怎麼會有再見重逢的機會。

先不要說在外的拉藏汗對倉央嘉措虎視眈眈，恨不得置倉央嘉措於死地；在內來說，倉央嘉措的師傅們也再絕不會給他任何機會溜出布達拉宮。而他自己，恐怕也再沒有如此閒情逸致。他的行為影響到整個西藏的穩定和安危，他再不能為了滿足自己的願望而任性妄為。他必須為整個西藏考慮，他要獨自面對他從來不願面對的責任和重負。他再沒有任何退路。挺身而出，帶領全西藏人民保衛自己的家鄉是他唯一的選擇。

康熙皇帝接到拉藏汗的奏摺之後，派人來到西藏把倉央嘉措接往北京。拉藏汗知道康熙這樣做其實是為了保護倉央嘉措，為了避免留下後患，狼子野心的拉藏汗發動武裝暴亂，企圖殺掉倉央嘉措。一時間，無數西藏群眾傾巢而出，為了保護他們的活佛與拉藏汗的軍隊鬥爭了很久。拉藏汗迫於形勢，只得作罷。然而這支護送的隊伍，行至青海湖，就傳出了倉央嘉措生病去世的消息。

在正史裡，倉央嘉措這個名字結束了他短暫的生命。

在野史裡，他的人生才剛剛開始。傳說他來到了阿拉善，大行善事，為西藏百姓奔波效勞。佛說因果，或者就是這樣。在他的前半生，他享受著活佛帶來的無上榮耀，而後半生便傾其一生為西藏的人民造福，完成一個活佛的真正使命。在他的前半生，作為一個和尚，他盡享風流，而後半生，當他失去一切，他用自己的善良與仁慈為曾經的年少輕狂贖罪。

「不久與君須會合」的預言也終究沒有實現。從此他們再沒有交集，愛情在國仇家恨前消散得很快很快……只有曾經的誓言

經輪

還在後人的傳說裡再現。

此行莫恨天涯遠——轉世的預言

在青海湖神秘死去以後，人們對倉央嘉措的行蹤猜測紛紛。有的人說他去了五臺山，有的人說他去了阿拉善……各種演義讓人難辨真假。我們也只能依靠他的一些詩歌進行猜測。在他去世以後，拉藏汗迅速佔領西藏，立益西嘉措為「真」六世達賴。

傳說這位益西嘉措是拉藏汗的私生子，全西藏的人民都對拉藏汗的這種行為非常不滿。後來，人們在一個叫理塘的地方找到了倉央嘉措的轉世靈童——格桑嘉措。值得注意的是，康熙皇帝並未冊封益西嘉措。等到乾隆皇帝的時候，乾隆皇帝冊封格桑嘉措的轉世靈童為七世達賴，才間接承認了倉央嘉措正統六世達賴的地位。

由於在理塘找到了七世達賴，所以下面這首詩歌也被人們認為是六世達賴倉央嘉措的「遺言」。

跨鶴高飛意壯哉，雲霄一羽雪皚皚，
此行莫恨天涯遠，咫尺理塘歸去來。

與以往倉央嘉措的心中所述不同，這一次，柔情密意統統不再。他的情緒漸漸激昂、積極，又充滿了鬥志，更有飄然出世的風骨。

他以仙鶴自喻，在經歷了人間大美好，又經歷了人間大悲哀之後，各種滋味，心中自是最清楚。曾經有過幻想，也不免有過失望，有過落淚軟弱的瞬間，也當然會有慷慨激昂時刻。

當人生的喜怒哀樂，大富與大悲同時在他身上演繹時，倉央嘉措還能有豪情壯志，果然可謂志士仁人！這樣的胸襟，恐怕世上也鮮有。

世事神奇，果然出人意料，自此，在這個人身上發生的事，只能用「神秘、神奇」來形容。倉央嘉措在詩中寫道：「其實我只是暫時離開，不久的將來我們又會在理塘相遇。」

這果然是達賴最為令人驚訝的預言。

七世達賴格桑嘉措果然出生在了理塘。

於是，故事又重新開始了。新的活佛出現了。

倉央嘉措傳奇的一生，在所有的轉世達賴中始終無人超越。

當桑結嘉措去尋找五世達賴的轉世靈童的時候，這位孩子竟然可以說出五世達賴生前的事情。於是他傳奇的一生就拉開了序幕。

和其他靈童不一樣，他的靈童身分不能被公開。對他進行的一切教育也都是秘密而謹慎的。這就奠定了他作為一位達賴，行事作風卻保留了大量普通人個性的基礎。

其他的達賴一旦成年，便可以自主地進行宗教和政治活動。但六世達賴卻有一個無法脫下的緊箍咒——第巴桑結嘉措。這在倉央嘉措的心中種下了反抗和孤獨的種子。

更加不同的是，作為一個和尚，竟然還閱盡人間春色好去處，談了一場轟轟烈烈、舉世矚目的戀愛。

這些傳奇最後盡收為他的文字，寫成了一本世人傳頌的歌集。可謂傳奇中的傳奇。

總之他的一生充滿了戲劇性，恰好可以盛滿人們對傳奇的嚮往。

然而就是這樣一位經歷坎坷跌宕的活佛，他在人生的最後竟然有「此行莫恨天涯遠」的壯志豪情，實在讓人嘆服。猶如釋迦牟尼還未成佛前，在人間苦行，目見了人世間各種悲苦和歡喜，終於在菩提樹下領悟佛法，得到自在極樂。沒有經歷過痛苦，哪裡會懂人生的精彩。沒有去真正體驗生活，如何知道生活的樣子，進而又如何讓自己獲得快樂？

所以，那些對生活悲觀的人們或許只是還未曾真正用心去感受過生活。

倉央嘉措的命運可謂坎坷，然而他還能如此豪情地總結他的一生，我們普通人卻時常陷入在痛苦中無法自拔。當我們無法走出來的時候，不妨想想，這些痛苦其實不過是讓以後的我們更加感激生活。

萬鬼同聲唱凱旋——活佛之死

倉央嘉措的詩歌樸素直白，在民間廣泛流傳。然而他的詩歌最神奇之處在於它似乎能「預言」自己的命運。除了第五十七首中關於理塘的預言外，還有一首詩歌也與他的經歷極其相似。

死後魂遊地獄前，冥王業鏡正高懸，
一困階下成禽日，萬鬼同聲唱凱旋。

在他的情歌裡，我們看到的是一個痴情的赤子，而這首詩歌裡，倉央嘉措直面的，卻是人生中最孤獨的時刻。

倉央嘉措，他極有想像力的營造一個死亡之後的世界，那裡陰森恐怖，令人不寒而慄。在佛教六道輪

迴中，地獄道只是其中一道。作為一個修佛之人，他畢生修行的目的，便是超脫輪迴，進入極樂世界。但他卻隱約感覺，自己死後，只能墮入地獄。

他是活佛，是達賴，莫非，他為了化身成佛，最終依了佛祖那句：我不入地獄，誰入地獄？

在人生的最後，他對其從前的所作所為，年少時候的輕狂乖張抱以的是否定的態度。他未能完成一個僧人的修行，不能遵循世尊教誨，無法參透精妙佛法，進入極樂世界。佛教的因果論又讓他認為自己的風流孽債造成了如今落魄淒涼的結局，而死後也因此會進入地獄。

風流前半生，傳奇二十年，世人以他的傳說為佳話，而他卻抱以全盤否定的態度。

人生最無可奈何的事情，莫過於遺憾與後悔。後悔就像人去世了以後還給他治病。於事無補，還徒增煩惱。

倉央嘉措，莫非已感到死亡迫在眉睫，這是不是他對自己死後命運的揣測和預言？

或許，非也。

倉央嘉措也許是想告訴人們，拉藏汗發動軍事政變，圍攻布達拉宮的事情。他的手下，正如萬般鬼眾一樣，拉藏汗的所作所為，與惡鬼們毫無區別。

他或許認為自己會因為以往的所作所為而進入地獄，然而對他的敵人他同樣沒有給他們好的命運。他成為了一名階下囚，而那些人雖然凱旋而歸，但終究也會掉入地獄道，成為鬼怪。

可是，會不會已經太晚了？當初，當他在與心上人談情說愛之時，又怎會不想一想，日後，他將何去何從呢？

那個寫出「恰似東山上月，輕輕走出最高峰」的倉央嘉措，和如今的倉央嘉措，完全判若兩人。對於以前的他，政治鬥爭猶如一個陰影，在他的心上形成一個孤獨的黑洞，吞沒著他的歡樂。而如今，他親身捲入在這些紛繁複雜的鬥爭裡，受到的是直接的生命威脅。

他再不能置若罔聞，他要勇敢地衝破自己的情愛，他要負起整個西藏的重擔。或許，他的死亡也只是最後的成全，希望以自己的犧牲換得西藏百姓生活的安穩。

曾經風流成性的活佛，回顧一生，充滿著悔恨。而這種坦白卻也難能可貴。畢竟面對人世間的種種誘惑，又有誰能說自己從來沒有迷失過呢？

三、別後行蹤費我猜

——倉央嘉措的苦戀

除非死後當分散，不遣生前有別離——愛的誓言

他雖是和尚，對愛情的執著可見一斑。從一首詩從我們就可以略知一二。

情到濃時起致辭，可能長作玉交枝，
除非死後當分散，不遣生前有別離。

一對戀人正你儂我儂之際，女孩子問道：「我們能如連理枝般永遠在一起嗎？」男孩子答：「只有死才能拆散我們。」

只有死才能拆散我們！這句話是多麼振聾發聵！

當然，我們大多數人看到這樣的誓言報以的都是淡淡的笑容，心裡輕輕哂笑著男子的輕薄和無知。是啊，這個世界哪裡來如此堅貞不渝的愛情？我們的世界裡，除了愛情，有很多很多事情佔據著我們的生命，把愛情擠到了最偏遠的角落。權力、金錢、名望……我們受累於太多的世俗之物，愛情作為一種猶如宗教般的東西，也早成了年少時候的夢。

「上邪！我欲與君相知，長命無絕衰！山無陵，江水為竭，冬雷震震，夏雨雪，天地合，乃敢與君絕！」（出自漢樂府民歌《上邪》）這樣的話也只能在文學作品中見到了。

越大越不敢愛，越大越不相信愛。

當然更有人會說，熱戀中的人們總是失去理智的，什麼樣的話都會不經大腦思考表達出來。在熱戀中的人們，一切纏綿的情話都是真的，一切熾熱的愛情都不會變冷。等到熱情褪去，回想從前驚天動地的誓言，感受到的全是人走茶涼的悲哀。

其實，當他說愛你，那麼他那時那刻是真的愛你；當後來他不愛你，那麼他也是真的不愛你。誰也從來沒能證明「除了天長地久的愛情其他都不是真愛」。這句話是真理。愛情和世界上的事情一

樣，有自己的生命，有自己的規律，有自己的輪迴，又何必強求它永恆呢？

「除非死後當分散，不遣生前有別離。」我相信，當詩人寫下這句詩的那刻，他的心中正如手中所寫一樣，恨不得用所有餘生陪伴心愛的姑娘遠走天涯，廝守一生。

我們錯誤的地方只是把抒情詩當作了法律合同。一句抒情詩成了日後眼淚最佳的源泉。

所以，把愛情看作一個不存在的理念與把愛情看作一個永恆不變的真理是一樣不可取的。

相愛的時候，恨不得時時刻刻與心愛的人在一起。眼睛裡除了那個人再容不下其他東西。一秒一分的分離都可以讓彼此肝腸寸斷，撕心裂肺。期盼著愛的剎那永恆。

但總是有很多愛情，因為種種原因，在半路就夭折了。於是我們痛苦，我們流淚。

人世間最主要的兩件事情：悲和喜，我們都能在愛情裡一起體驗。

而這就是生活的本來面目，交織著悲喜，充滿著離合。

所以，相信那些看上去不切實際的愛的誓言吧。如果日後再沒有兌現，最多也只是抱以笑笑。看淡與坦然。

生小從來識彼姝——野性難馴的愛（一）

傳統來說，詩歌中的意象或者唯美，或者大氣，都有一番審美的情趣。很少有讓人恐懼、害怕的意象，而倉央嘉措卻在詩歌中反其道而行，使用了一些常人罕用的意象。其中有一首詩歌這樣寫：

生小從來識彼姝，問渠家世是狼無，
成堆血肉留難住，奔去荒山何所圖。

「狼」在人們的印象裡是兇殘、陰險和貪婪的代名詞。而女子則是水做之身，溫柔多情，細膩溫婉，似綿羊般柔弱。女子與狼，卻是與之相對的一個極端。

與中原的內斂相比，藏族地區民風更加淳樸，男女之間表達情愛更加直接和袒露。中原的女孩子從小在「三綱五常」的社會理念中成長。朱熹的「存天理，滅人欲」更是把儒家的「三從四德」推到了極致。在遠離中土的西藏，女孩子卻發展天性，過著無憂無慮的生活。少數民族的女孩子大多能歌善舞，活潑可愛，青春飛揚。所以這就造成了少數民族的女孩子比中原女子多了一份野性難馴。

倉央嘉措，恰恰遇上了這樣一個「野性難馴」的女孩子。

他本就是個多情之人，即使在路上偶爾的邂逅，也會讓他興師動眾到寫一首詩歌紀念，念念不忘那位姑娘的美貌。一旦付出真心，便義無反顧，甚至可以拋棄他的地位，他的身分，他的榮耀。

他全身心地投入到了愛情中，包括他身體的每滴血液，每塊肌肉。可是他的心上人卻不知道可憐的倉央嘉措早已經愛得無法自拔。還以為只是一個多情的情郎，卻何曾知道他觸犯了多少禁忌。只怪投入得太快，陷入得太深。

他開始抱怨，抱怨自己奔去荒山，卻也無法得到想要的東西，或許，那個女孩子只是表現出未有戀人般的親密也未可知。

在漢語眾多詩歌中，很少有直接表現此類感情的詩歌。我們有「清輝玉臂寒」的真摯，有「十年一覺揚州夢」的放浪，卻少有如「問渠家世是狼無」的「張狂」。在中原地區中，男女之間的關係早已經被寫好。妻子只要遵從「三從四德」就可以，一切唯丈夫是從，不能有自己的自由爭取幸福生活的權利。這個女孩子竟然可以讓詩人感覺到「野性難馴」，可見藏族的女孩子在這點上比中原更自由，更尊重人的本性。

孔子曰：「食色，性也。」然而在中國古代社會，情愛卻成了最禁忌的東西。人們的觀念裡只有讀書科舉，忠君愛國，個人的感情生活是根本不用在乎的。在古代的許多詩歌與文章裡也反映出這個現狀，文人墨客大多喜歡歌詠父慈子孝，兄悌弟愛，卻少詠夫妻恩愛。

從這點上，我們不得不說，遠離儒家思想控制區域的西藏更多保留了人的原始風貌，更尊重人的本性。一個敢於反抗的女人在中國古代儒家社會裡簡直是不可想像的！她的下場也一定是悲慘的。比如中國古代傳說裡的祝英台，最後只能落得化蝶雙飛，白娘子最後被壓在雷峰塔下，不見人世。

我們應該提倡這種勇於追求自己幸福的勇氣。清朝時候的人們尚且懂得為自己爭取幸福，我們更應該有這樣的勇氣。

自嘆神通空具足——野性難馴的愛（二）

在倉央嘉措的詩歌裡除了以狼比喻女性的野性難馴之外，還有以馬比喻其難以馴服的。

山頭野馬性難馴，機陷猶堪制彼身，
自嘆神通空具足，不能調伏枕邊人。

通常來說，馬的性情比之狼的性情要溫和許多。但馬又是天生愛自由的一種動物，如果人類不能

採取合適的方法去馴服牠，牠便不輕易屈服於人類的指揮。

從狼到馬的轉變，倉央嘉措已經漸漸開始俘獲了女孩子的心，但此時此刻，他卻是早已經不顧一切，把自己全身心投入到愛情中了。他想完全征服他的心上人，卻又不能完全做到。那一顆心，就猶如難馴的野馬一般，只有費勁心機，布下重重「陷阱」才能制伏住它。為了這份「心機」，他恐怕實在費了一番力氣。

在倉央嘉措年輕的時候，經常會邀請他的許多朋友們一起在布達拉宮的後花園裡遊玩。他們對著春光盡情唱歌跳舞。這眾多的朋友裡就有他的心上人達娃卓瑪。這應該算是他使出的「追女孩子」的一種辦法吧。

他實在是個聰明的少年，他並不是一味急躁地「尾隨」或者「糾纏」著女孩子，而是先打入女孩子的社交圈，取得女孩子朋友們的信任，這樣他就能很自然地接近那個喜歡的女孩子。按他自己的條件來看，他也不可能每天每夜二十四小時都如此貼近這個女孩子。畢竟白天的時候人們還需要他在布達拉宮維持他的神聖和莊嚴。所以這樣的辦法既利用了他僅有的時間，又高效率地取得了女孩的信任。

然而，令人懊惱的是，儘管他已經如此費勁心機，這個女孩卻依舊不肯歸順於他。而他，起初卻對自己的「計畫」非常滿意，儘管這樣完美的計畫也不足以讓女孩子對他全心全意。他雖身為活佛，可是追女孩子的心情卻與世人別無二致。

在我們的生活裡，這樣的例子也屢見不鮮。有些男生使出渾身解數，為女孩子任勞任怨，百般依順，萬般遷就，為的只是博得美人一顆心。可是偏偏女孩子就是不領情。於是男生們開始沮喪、怨恨。

倉央嘉措，始終就是個還未曾長大的男孩啊。

他在白天的生活裡，處處受人控制，內憂外患的處境使得年輕的他不知所措。雖然擁有名義上的無上榮耀，可惜羽翼單薄，不成氣候。晚上的時候，他去尋歡作樂，追求的不過是一絲自尊和自由。面對一位難以征服的女性，不免會顯出急躁和煩惱的情緒。

有意思的是，如果單從詩歌本身來看，不論作者的背景和身世，我們甚至完全可以認為這是一首浪蕩公子哥的「把妹」之詞。

而這背後，也不知道藏著倉央嘉措多少對人生的反抗和無助。

只有家中雌老虎——野性難馴的愛（三）

倉央嘉措最讓人跌破眼鏡的地方就是他的許多詩歌往往使用一些各種被認為「審醜」的意象。比如一般都比較罕用的狼和馬。而在某些詩歌裡甚至出現「犬」和「虎」。

比如以下一首：

君看眾犬吠狺狺，飼以雛豚亦易訓，
只有家中雌老虎，愈溫存處愈生嗔。

「狺狺」（音ㄧㄣˊㄧㄣˊ），是個擬聲詞，意思為狗叫的聲音。「豚」是哺乳動物的意思。前面兩句的大致意思是：許多狗在叫，但是如果給牠們餵點肉吃就直接馴服了。

倉央嘉措竟然以「犬」喻眾人，以「老虎」喻自己心愛的女孩。他很憤怒的抱怨，抱怨女孩子對自己不夠溫柔。

或許，極少有這樣一位詩人，將自己喜歡的姑娘比喻成「老虎」。倉央嘉措竟然敢這樣寫，不得不承認少數民族比起漢族的確更大膽潑辣。

問題是，他為何將自己心愛的姑娘比作老虎，卻將其他人比喻成狗呢？

這或許是因為「犬」有忠誠的意思，而制伏狗又較為容易，一旦制伏了牠，牠也非常忠誠。倉央嘉措貴為活佛，全西藏的人民都對他頂禮膜拜。他以活佛的身分無論走到哪裡，大家都尊敬他，甚至「崇拜」他。而他說的「犬」，其實就是平日裡尊重他、聽從於他的人們。

但這些狗，卻絕不包括他以宕桑旺波的身分示人時候遇到的女孩子。

當初，倉央嘉措改裝易服來到拉薩酒肆，的確遇見了一大群青年。這群青年裡有男生，也有女生。女性之中也不乏漂亮溫柔的女孩子。後來的資料中也顯示，當時他只愛上了其中一個叫達娃卓瑪的姑娘，並沒有和其他女孩子產生男女朋友情愫。而且從他的詩歌內容中我們可以看出，詩人對女孩懷有的是一顆赤子之心，處處表露的是自己對那個女孩子的真愛，而並非玩弄女人之徒。所以「犬」應該只包括他身邊的人，而不包括其他女孩子。

那麼，家中雌老虎確定就是指那個他心愛的女孩子。「老虎」是王者的象徵，是威嚴的代表。以「老虎」比喻女性，想必這位女孩子大膽潑辣，不怒自威。然而如果她僅僅是一位「野蠻」的女孩子，倉央嘉措如何對其傾心？雖然說少數民族對女孩子的要求不像中原地區般對男人言聽計從，可是女性最吸引人的地方其實還是她的溫柔與活潑。一位脾氣暴躁，性格兇蠻的女子當然不會受到男人們的青睞。結合倉央嘉措的其他詩歌來看，與其說這是一位「野蠻女友」，不如說她是一位獨立自主的女性。

她並沒有和大多數女性一樣，即使內心對對方沒有心動，也會屈服於對方強大的追求攻勢。雖然她的確也喜歡倉央嘉措，和他情投意合，但是她並沒有因此而喪失自我。有許多女性一旦喜歡上一個異性，就容易失去理智，甚至產生攀權附會的心理。她如同老虎一樣，保持著自己的優雅和自尊，讓男人為她顛倒，唯獨她淡看人生路途，笑傲情場。

也許這正是她吸引他的真正特別之處！

深悔蒼鷹一怒非——為愛憔悴

相思總是讓人憔悴。它讓強壯的人變得脆弱，它讓理智的人變得感性。它總在讓我們流淚和痛苦，我們卻還依舊心甘情願屈服於它。倉央嘉措，他也是如此。

羽毛零亂不成衣，深悔蒼鷹一怒非，
我為憂思自憔悴，哪能無損舊腰圍。

老鷹是一種非常兇猛的動物，代表著強大的力量。可倉央嘉措儼然成為了一隻受傷的老鷹。他衣冠不整，神形憔悴，精神恍惚。老鷹發怒的時候會掉羽毛，而倉央嘉措也因為憂心忡忡，身體日漸虛弱。

他為何會變得如此憔悴？某非是為伊消得人憔悴，才變得如此孱弱。他從前腰圍粗壯，體格健碩，今昔一對比，更顯今日之憔悴，思念之深切。

倉央嘉措，他到底是在思念誰？為什麼事情憂心呢？

他思念的，當然是心上人。至於這個女孩子具體是誰，於我們來說並沒有差別。她可以梳著無論何種髮型，穿著無論何種花紋的衣服，說著無論何種的語言，唱著無論什麼曲調的歌。無論她是誰，她已經吸引了倉央嘉措。

很明顯，他是在單相思，因為那個姑娘可能根本沒注意過他。為了一份單純的愛戀，倉央嘉措竟然可以守候到面容枯槁，足見他的至情至性，多情敏感。

但是按照常理來說，為了自己心上人而茶飯不思的人其實並不多見，但是陷入相思的人不僅僅不會覺得自己很「傻」，反而會「樂」在其中。可是倉央嘉措為什麼會覺得後悔呢？

或許，他後悔的不是這件事情，而是其他事情。

他到底在後悔什麼事情呢？會不會，他後悔的事情只是他是一位活佛。

他並不是生來就是活佛。在他還在襁褓之中，還不懂事的時候，有兩位神秘的人物來到了他的家，向他的父母宣佈了一個驚天的秘密。這位小朋友是五世達賴轉世！他的活佛身分到他死亡都一再受到質疑。在他活著的時候，他的政治敵人拉藏汗質疑他是否為真的活佛，他死亡後，也沒有人正式宣佈他六世達賴的地位，直到乾隆皇帝時候才間接承認了他六世達賴的身分。等到這個時候，他的屍骨也早已經化成了灰燼了。

他也並不想做一個活佛。在他十八歲的時候，按照禮儀他應該接受比丘戒（在這之前他只受過沙彌戒），可是他卻說：我不想受比丘戒。

由於從小並非成長於一切規制嚴格的布達拉宮，他的血液裡保留了許多天性。他嚮往的是山林之間，清溪河畔，無憂無慮，自由自在，普普通通的生活。作為一個活佛，要承擔的是最高宗教領袖和最高政治領袖的雙重壓力。年輕的倉央嘉措感覺到自己無法承擔。於是他選擇逃避。他選擇混跡於酒肆之間，選擇了放縱自己。

如果他不是活佛，那麼一切重擔他都不用承擔。他便隨美人一起歸於山林去了。可惜他是活佛是一個既定的事實，不可更改。於是，他只好借詩歌抒發他的鬱悶，他的期望。

吉祥白月行看近——約會

在倉央嘉措詩集中，有若干詩歌提到了月亮。有的較晦澀難懂，比如下一首：

前月推移後月行，暫時分手不須衰，
吉祥白月行看近，又到佳期第二回。

一個月過去了，倉央嘉措雖然已經和心上人分開了一個月，但他卻強壓思念之心，勸慰自己不必過多傷心。他告訴自己，他和她，在不久之後月滿之夜就又能相會了。

他如此愛她，為何不能天天相見？

第一種原因就是，雖然倉央嘉措天天去酒肆，但是他的心上人卻不是天天去。而那個時候他們也還沒有互相表白，所以沒有做好天天見面的約定。但是仔細一想的話，這種可能性較小。如果倉央嘉措和這位姑娘一個月只能見一面，那麼他和她熟悉的過程應該是比較漫長的。他也不至於對她那麼傾心。

第二種原因是，雖然他們已經有了相許終生的諾言，但是在桑結嘉措嚴厲的看管下，倉央嘉措並不能每天都跑出去。這也是比較符合情理的。即使是普通人，也不至於天天聲色犬馬，飲酒作樂。況且白天時候，他並不能睡到日上三竿時候。他還有很多事情要做，比如要學習，要修行。

在中國古代，男女約會一般會選在「正月十五」的元宵節，古代有很多詩歌描述的是那天的約會情景。比如「月上柳梢頭，人約黃昏後。」「八月十五」為中秋節，是親人聚會的日子。總之，無論是哪個月的月圓之際都是是人們聚首的好日子。所以。他和他的心上人應該會選擇在十五之夜幽會。一個月一次，剛剛好。

如果倉央嘉措可以天天見到她，那麼他得到的是一個完全的、真實的女孩子。她與芸芸眾生一樣，有一點善良，同時也會有一點點自私；有一點憐憫，同時也會有一點點殘忍；有一點溫柔，同時也會有一點點嬌嗔。天天在一起以後，彼此之間就少了新鮮感，戀情也會迅速降溫。

如果他只能半年才能見到她，那麼他對她完全是不瞭解的。他愛上的或許只是一個想像的人影，一旦幻影破滅那麼他的愛就消失了。

一個月，正好是思念可以盛放得剛剛好的長度。它不至於短到讓人產生膩煩，也不會長到讓一段感情變成了鏡花水月。它總在無盡的失望中給予戀人們希望，又在短暫的希望後給予戀人們失望。而這一驚一失中，愛情有了它所有的情節。

不過，倉央嘉措竟然公開把自己的約會日期寫到情詩裡，大膽之處的確令人咋舌。也可見詩人畢竟還年輕懵懂，在情場上也只一心享受戀愛的幸福甜蜜，早已經把自己的身分和處境忘得一乾二淨。或許愛情的一個巨大作用之一就是讓我們變得魂不守舍，痴痴呆呆。而這也正是愛情為之愛情的地

方。

杜宇新從漠地來——愛的春天

倉央嘉措的詩歌大多琅琅上口，樸素無華，與我國古代《詩經》中的國風有著很大的相似之處。倉央嘉措與《詩經》一樣，較常使用賦、比、興等藝術手法。比如下面一首詩歌：

杜宇新從漠地來，天邊春色一時回，
還如意外情人至，使我心花頃刻開。

「杜宇」是杜鵑鳥的別稱。杜鵑在空曠無人的高原啼叫，春天也同時來到了。曾緘先生的注釋為：藏地高寒，杜宇啼而後春至，此又以杜宇況其情人。接著，在這個生機盎然的季節裡，心愛的女孩子出現，如同杜鵑啼春一樣，開啟了倉央嘉措的「春天」。

然而，倉央嘉措以杜宇比喻他的心上人，卻以漠地比喻自己的心境。冬天的高原，乾燥寒冷，刺骨的冷風迎面撲來，讓人無法呼吸。他遇見了愛人，心，卻冷得如高原的天氣，他有多麼孤獨，多麼

絕望。

他到底，為何事情而孤獨呢？

作為西藏的最高宗教領袖，他衣食無憂，起居無礙。無人不尊敬他，無人不禮讓他。他不會為了吃飯而煩惱，也不會為了穿衣而發愁。生存的痛苦他不曾體會。只因為他是活佛。

可正是因為他是活佛，所以他的生命也注定有各種悲劇。他的生活處處要聽從別人的安排。他被安排著學習，被安排著修行。一方面他無法衝破桑結嘉措給他的限制，另一方面他又不得不依賴桑結嘉措。

他不能潛心研究佛法，一心只向青燈木魚，還忘記不了花花世界、滾滾紅塵；又不能隻身投入紅塵俗世，與紅塵男女一樣戀愛結婚，還要擔當他的活佛大任。還要繼承五世達賴的遺願，驅逐蒙古人，實現政教合一。他尋找不到愛情和佛法之間的平衡點，所以感到痛苦與徬徨。

可整個布達拉宮卻沒有一個人真正能將心比心，親密地與他交往。他在他們的眼裡是活佛，是值得尊敬的領袖。而不是需要關心，需要呵護的小男孩。哪個少男不思春，哪個少女不懷情，豆蔻年華之際，自然也是情竇初開之時。

愛情，就像春天一樣吹醒了倉央嘉措孤獨寂寞的心。她讓他感到人世間的溫暖，她讓他在布達拉宮之外找到了心的依靠。他在她的身上擁有了他想要的愛情、紅塵、歡樂。

於是，性情單純的他，趁著年輕，寫下了最美好的篇章，記錄下了他最簡單的喜悅，最美好的心情，如同春天般讓人愉悅的愛情。

還從幽處會嬋娟——愛的相會

倉央嘉措詩歌的一個重要特點就是直白、率真，保留了大量的民歌風味。有時候涉及的內容也並非一般人敢於觸及。比如下面一首：

鬱鬱南山樹草繁，還從幽處會嬋娟。
知情只有閒鸚鵡，莫向三叉路口言。

在中國，有許多山被稱為「南山」。比如陝西的終南山，因為在漢唐兩代都城長安的南邊而得名。青海西寧也有一座山為南山。倉央嘉措年輕時候的活動範圍不超過拉薩，更不用說到西寧，甚至更遠的長安。所以這裡的南山應該只是泛指西藏境內某座在拉薩城南面的山。

在這座拉薩南面的山下，樹木鬱鬱蔥蔥，風景絕美。此時正是盛夏，倉央嘉措在這個美麗的季

節，美麗的地方，與心愛的姑娘享受著約會的時光。他和她非常恩愛，他們的時光只屬於他們自己，他們並不希望，他們的秘密被第三個人知道。

但倉央嘉措卻是個有趣而可愛的男孩，他雖然極力不想讓第三人知道他們約會的事情，但是他自己卻寫下這首詩歌，以至於第三個人、第四個人，千千萬萬人都已經知道他們這次的幽會。

既然不想讓別人知道，為何還是要寫下這首「此地無銀三百兩」的詩呢？

第一種原因就是這首詩歌可能屬於他人杜撰，並非倉央嘉措所寫。後人根據民間關於倉央嘉措的傳說而「寫」了這首詩歌。許多作品在流傳的過程中都會出現散落、添加、塗改、亂序等各種現象。其中「添加」更是常見。

倉央嘉措在他活著的時候就是名震全西藏的活佛，受到西藏群眾的愛戴，在青海湖神秘失蹤之後，關於他的傳說也從未終止過。即使在如今，他的詩歌和他的故事也依舊為人們熟知。在這個漫長的流傳過程中，難免會出現對原作的附會和添加。特別是這一首。作者的行為和目的顯然是矛盾的。

其中，也不排除倉央嘉措的敵人為了詆毀他而寫下這首詩歌。在當時的環境下，倉央嘉措能出去幽會的機會本來就不多，怎麼會如此大膽地到處宣揚呢？反倒是他的政敵，一心只想把他塑造成一個「淫僧」的形象，而刻意把這首詩歌寫得如此大膽和露骨。

第二種原因雖然也有一定的合理性，但可能性較小。那就是倉央嘉措深感與心上人在一起的喜悅，心中實願意與別人分享這種激動的心情。但是在他的身邊沒有人能真正與他貼心地交流，他更不會主動暴露自己的「劣跡」，於是便只好用詩歌抒情，表達他的喜悅。心裡又害怕被別人發現，所以叮囑看到這首詩歌的人們「不要告訴別人」。

較為諷刺的是，在很久很久以後的我們，看到了這樣一首詩歌，不僅互相傳閱著，更孜孜不倦地想要揣摩詩歌裡的意味。

因為詩歌，他的愛情永遠讓人銘記。因為詩歌，他的故事永遠流傳。

而今秘密渾無用——情事

筆者曾經提到，在倉央嘉措的詩歌裡敘事詩也佔有很大一部分的比例。以下有兩首詩歌就是描述他在拉薩遊樂與最後被識破的過程。于道泉先生翻譯時認為是兩首獨立的詩，而曾緘先生卻認為應該為一首。我們且細細分析。

為尋情侶去匆匆，破曉歸來積雪中，
就裡機關誰識得，倉央嘉措布拉宮。

另外一首：

夜走拉薩逐綺羅，有名蕩子是旺波，
而今秘密渾無用，一路瓊瑤足跡多。

「第一首」詩歌裡說的是倉央嘉措為了出門和心上人約會，回來以後不曾留意竟然在雪地上留下了腳印。讓看守的人們識破其中的機關——原來這排腳印就是倉央嘉措的。

「第二首」詩歌裡說的是倉央嘉措改裝衣服夜晚來到拉薩街頭，人們都只識得他的名字是宕桑旺波。而如今這些隱藏身分的舉措都沒有任何用處，雪地上一路都是詩人的足跡，直通向布達拉宮。

由於我們看到的詩歌已經是翻譯版本，所以從詩歌的韻腳中我們不能判斷這兩首詩歌是否為一首詩。那麼，只有看兩首詩歌的內容是否能成為一首詩歌。從內容上來說，這兩首詩歌中談到的事情就是同一件事情。都是講自己出去玩樂，回來時候在雪地上留下了腳印，被人識破。

我們已經知道，倉央嘉措的詩歌大多是民歌。其中運用了大量的「賦、比、興」的手法。在民歌中「反覆」也是一個常用的手法。比如我國古代第一部詩歌典籍《詩經》就是典型的代表。在《詩經》

的「風」（風為古代的民歌）中，就大量運用了「反覆」，比如「關雎」、「蒹葭」等名篇。所以在倉央嘉措的詩歌中使用「反覆」的手法而重複說一件事情並不是一件不可能的事情。

而「兩首詩」裡又處處體現著許多照應。「前詩」說到他的真實身分「倉央嘉措」，「後詩」就提到了他的偽裝身分「宕桑旺波」；「前詩」提到了「破曉」，後詩就提到了「夜走」；「前詩」提到了「破曉歸來積雪中」，「後詩」就提到了「一路瓊瑤足跡多」。無論是對比還是類比，我們都不難看出兩首詩歌的彼此呼應。

從詩歌的風格上看，兩首詩歌也很相似。「前詩」從一句「就裡機關誰識得，倉央嘉措布拉宮」屬於典型的自問自答。詩人當然沒必要自己寫詩透露自己的行蹤，所以他自問自答只是更顯示出自己的無奈。「後詩」中的「而今秘密渾無用，一路瓊瑤足跡多」。一個「渾」字把詩人的無奈顯示得淋漓盡致。

所以，這「兩首詩歌」其實應該為「一首詩歌」。倉央嘉措不厭其煩地在和我們強調他的行蹤被發現是由於「雪地上的一排腳印」，可見他對自己疏忽的作為感到後悔，和行蹤暴露之後的無奈。

這種「無奈」固然有活佛的名譽掃地，但年輕的倉央嘉措唯一關心的還是他的愛情。他擔心從此以後再不能和心上人相會，再也見不到她美麗的容顏，再不能一起無拘無束地享受美好的時光，唱歌，跳舞。

他自始至終，都是一位不折不扣的「情僧」，也是一位不折不扣的「情聖」。

玉軟香溫被裏身——懷疑

在倉央嘉措的愛情故事裡，既有傳奇，也有平淡。和所有的愛情故事一樣，有著恩愛與纏綿，也有失落和懷疑。即使是詩人自己，也曾經對這份愛產生質疑。有詩歌為證：

玉軟香溫被裏身，動人憐處是天真，
疑他別有機權在，巧為錢刀作笑顰。

起初，他與天真爛漫的心上人同床共枕，你儂我儂，極盡纏綿，但在他的內心，卻忽然懷疑心上人與他在一起的動機。她究竟是愛他的心，還是愛他的金錢？

長久以來，婚姻對於女性都被認為是提高社會地位，改變人生命運的一種方法。「嫁一個好男人」是無數女性的理想。在男女平等的現代社會這樣的思想依舊非常濃重，更不用說在女性地位低下，教育程度較低的古代社會。倉央嘉措作為活佛，他的物質條件毋庸置疑是所有女人們傾心的，雖然他不能光明正大地與自己的心上人幽會，但是他身上的光芒並沒有因此而被掩蓋。他套上假髮，打扮得風流倜儻，氣宇軒昂。他和拉薩的年輕人們相處得非常愉快。

雖然每天晚上他享受著繁華的塵世，但是他的敏感又讓他充滿著懷疑。這些歡笑的氣氛是否只是用金錢堆砌起的一個夢境？人們的歡樂是否只是為了保持著最禮貌的距離？所謂的愛情是否只是被欲望包裹著的謊言？

在布達拉宮，他已經厭倦了那種膚淺表面的生活。人們友好卻冷漠，人們溫和卻疏遠。在最高權力象徵的布達拉宮裡，每天都有明爭暗鬥，爾虞我詐。年輕的詩人不想承受作為活佛的重壓，更不願意去面對作為他命運的許多責任。或者在這樣的情況下成長，詩人已經形成了敏感和多疑的性格。

直到他遇見了愛情，他終於願意放下一切防備，與心上人雙宿雙飛。然而，他敏感的心卻也在理智的追問下產生了懷疑。雖然和心愛的人近在咫尺，但是詩人卻懷有心事，對這份愛情不夠堅定。

當然，這都只是倉央嘉措的杞人憂天。他的心上人，本身就是個出身權貴的大家閨秀，並不存在為了「趨炎附勢」、「追名逐利」而與他在一起的可能性。在他的身分敗露之前，他的心上人並不知道他是當今的活佛。

在拉薩酒肆裡一起玩樂的年輕人裡，都是拉薩當地較為有權有勢的子弟。所以當時的「宕桑旺波」其實並不突出。而且作為活佛，他為了保持身分的秘密，更不會過於高調行事。在心上人知道他

的活佛真身以後，她默默地選擇了離開。可見在她內心深處，她貪戀的並不是他的金錢和權勢。

戀愛中的人們總是會有很多懷疑，總是需要試探對方的心意並且得到肯定回答才肯安心。因為我們都怕金錢污染了愛情，而生活中又有太多的身不由己，讓愛情讓步於金錢。就連詩人這般真性情的人都會懷疑，更難免很多心中有許多顧慮和愁苦的人們。然而歲月總會證明一切，金錢總會被時光淘盡，真情永遠是最亮的金子。

箭頭顛倒落塵埃——此愛無悔

倉央嘉措的詩歌另外一個特點就是善以日常生活的東西進行比喻，從細小之處盡顯真情。比如下面一首：

卦箭分明中鵠來，箭頭顛倒落塵埃，

情人一見還成鵠，心箭如何挽得回？

曾緘先生注釋為：卦箭，卜巫之物，藏族中喇嘛用以決疑者。「中鵠」就是正中靶心的意思。意思是作者用卦箭進行占卜，卦箭正好射中靶心。「箭頭顛倒落塵埃」這句話單獨來看，比較晦澀，無法理解。且看後面兩句話「情人一見還成鵠，心箭如何挽得回？」意思是和心上人一見面，就如卦箭射中了靶心，哪裡還有挽回的餘地？那麼前面一句的「箭頭」其實就是說作者的內心。所謂「顛倒落塵埃」就是指自己作為一個和尚，竟然一心想著情愛不能回頭。

他，究竟在占卜些什麼呢？在那個時代，占卜始終都是件很重要的事情。一個一國之君，一般在出兵討伐，啟用新政時，猶豫不決的時候才會進行占卜。所占卜的事情都與國家的命運息息相關。而此處分明是占卜「情愛」一事。

他並非沒有疑慮。他知道自己的行為是不被允許的，是出格的，甚至是應該受到懲罰的。所以才會寫下「世間安得雙全法，不負如來不負卿」這樣的絕響。可他明知道自己的行為是錯誤的，還是不改從前的行為，心兒如同這卦箭一樣，一心隨著心上人去了。

這樣的氣概頗有古希臘悲劇英雄薛西佛斯的色彩。薛西佛斯被罰每天推動一塊大石頭到山頂，可是每天他把石頭快要推倒山頂上的時候，石頭又自動滑落到山下。於是每天他拚命地滾動石頭上山，又見石頭無情地掉下山下。周而復始，沒有止境。

倉央嘉措深知自己的命運。他知道他的「風流韻事」終究會有一天被人知道，甚至被人們作為政治鬥爭的把柄。然而神奇的愛情還是讓他義無反顧地繼續叛逆。他也知道這段愛情到最後是不會開花

結果的。他們注定不能結婚生子，過普通男女的生活。他們只有短暫的擁抱、相逢和長久的思念與別離。然而他還是在活佛的地位和愛情之間選擇了愛情。當年輕的詩人十八歲時候，他的師傅想為他授比丘戒，他的話震驚了全場。他竟然拒絕接受比丘戒，甚至連沙彌戒都想退掉。用通俗的話來說就是哥再也不想當和尚了，想要還俗。

倉央嘉措由於年齡的原因，對於僧人們寧靜安詳、沒有波瀾的生活並不適應。時不時還會顯示出小孩子的貪玩。

然而，他對愛情的忠誠，所謂情聖，也不過如此。他能夠為了一份愛情拋棄自己的地位，自己的身分。對一個男人來說，還有什麼比讓他放棄身分和地位更難的事情呢？他能夠為一個女人放棄最難放棄的東西，那麼他對她的愛已經到了極致。

一位和尚竟然比一位世俗男子更懂情愛，實在讓人唏噓和感嘆。世界上的故事總會讓我們相信原來我們的世界的確存在愛的奇蹟，或者至少曾經有過愛的奇蹟。

而愛情，這兩個字眼，依舊深深吸引著幾百年後的我們。

自理愁腸磨病骨——相思成病

倉央嘉措眾多詩歌中鮮有抒情之作，大多為敘事詩。在他的《倉央嘉措情歌全集》中，卻有一首抒情詩，寫得讓人柔腸寸斷。

深憐密愛誓終身，忽抱琵琶向別人，
自理愁腸磨病骨，為卿憔悴欲成塵。

這首詩歌應該是寫於與情人分別之後。

倉央嘉措，他正回憶著過往的甜蜜歲月。兩個人難捨難分，許下相許終生的諾言。然而好景不長，他的心上人早已投入了他人的懷抱。原本你彈著我的曲子，我和著你的調歌唱，如今卻只為別人撫琴弄瑟。倉央嘉措，他的心上人會彈奏琵琶，可見這位女孩是一位非常聰慧的女孩。

然而她是什麼人又有什麼區別嗎？無論她是大家閨秀，還是小家碧玉，或者真如推測所言是位煙花女子，那對他來說又有何分別嗎？她始終是他愛的那個人，她始終是他想相守終生的人，她始終是他想拋開佛門清規戒律，一起享受紅塵繁華的人。

他曾誤以為是心上人拋棄了他。卻根本不知道這背後女孩的無奈和無能為力。他是活佛，而她不過是一個普通的西藏女孩。她不能因為一己私欲霸佔著全西藏人的信仰。而在權力與欲望的鬥爭中，

他們的愛情不過是最卑微的一件小事情。沒有人會考慮他的感受，更沒有人會考慮這個女孩子的感受。一切不過像是一場表演，華麗上場了，又戛然而止，匆匆落幕。

「自理愁腸磨病骨，為卿憔悴欲成塵。」頗有宋朝詞人柳永「衣帶漸寬終不悔，為伊消得人憔悴」的風骨。

思念成愁緒，化入他的骨頭。然後磨著這些思念，讓它化成粉末。——倉央嘉措寧願用生命去換他的愛情！

不可得到的愛戀總是在歲月的縫隙中騷動我們的心，撩起我們的欲望，卻又不給我們滿足。讓我們充滿期待，卻又總給我們無盡的失落。直到一天又一天，思念似乎已經滲入我們的血液，成為我們生命的一部分，沒有了思念，連生活也就不再完整。沒有了思念，生活也漸漸失去了意義。直到最後，活著便只是為了思念那個愛的人。

此情此景字字斷人腸，行行落人淚。

說到底，倉央嘉措也不過只是一位普通的年輕人啊！他也有七情六欲，他也有作為人的最基本的欲望。他也和我們一樣，要經歷生活中各種歷練。

我們的生活總是充滿著各種不盡如人意，我們總是不能得到我們想要的東西。為此我們付出了巨大的代價，無論是肉體的折磨還是心靈的焦灼。

可這也是人成長的代價，只有經歷過最深的痛苦，才懂最大的歡樂。

詩人在青海湖「神秘」死亡後，傳說遁逃至理塘。他的足跡遍佈西藏、青海、蒙古等各地，幫助窮苦困頓的百姓。

莫不是自己經歷過大悲痛，又怎麼懂如此大慈悲呢？

佛說因果，亦如這樣。

思量昔日天真處——夢裡的愛

追憶過去的愛情，他也曾感嘆自己的天真。

盜過佳人便失蹤，求神問卜冀重逢，

思量昔日天真處，只有依稀一夢中。

西藏的牧民的馬術表演-拾哈達

自從他和心上人在酒肆相遇，他們情投意合，情意綿綿。雖然他們男女朋友的關係不能公開，但是他們互相心知肚明，除了對方，他們的心裡再裝不下別人。從道理來說，並不該用「盜」這個詞。那麼是什麼事情讓倉央嘉措覺得自己在「盜」呢？

這或許源自他深深的不自信。之所以不自信，還是源於詩人面對自己尷尬身分的無可奈何。可憐的姑娘只以為眼前的情郎能帶自己遠走高飛，過上神仙眷侶的生活，可是她又怎麼知道自己的情郎宕桑旺波其實就是活佛倉央嘉措呢？倉央嘉措雖每日偷偷出來與他的心上人約會，但卻時時提心吊膽，生怕自己的身分被揭穿和發現。

倉央嘉措，他是悲觀的。偷來的東西總有一天會物歸原主。在一起的日子雖然甜蜜，卻短如朝露。不管他是否願意接受，他知道事情早晚有暴露的一天。

「求神問卜冀重逢」，這裡的神，很有可能是一種抽象的命運。他早已厭倦了身邊的種種明爭暗鬥，他早目見了自己的路途，得不到，解脫不了。所有逃避都只是一時的歡樂。他特殊的身分，特殊的時代背景，注定了他必定只是西藏與蒙古勢力、準噶爾勢力鬥爭的犧牲品。如今他的愛情也成了陪葬品。詩人想要的不過是遠離這些紛紛擾擾，和自己心愛的人一起過著平淡而幸福的生活。

但是，倉央嘉措也知道，一切不過是抵抗命運而濺起的泡沫與浪花。所以只有用「天真」為自己過去的事情開解。回想過往的一切，彷彿是一場夢，夢裡的她如此朦朧。愛情逝去得猶似一縷青煙。再沒有相逢，再沒有暗湧，再沒有依偎，再沒有誓言，最後的最後，甚至再沒有告別。

從此以後，愛情只在回憶裡，從此以後，愛情只在意念中。曾經擁有你的風情萬種，如今也只有送我千瘡百孔。

我們可以沒有任何理由便相愛，卻可以有一千個理由來分手。我們可以不問明天在一起，卻可以有一千個理由來告別。無奈不是不愛，而是和摯愛的人相隔一生，不得相守。無奈不是不愛，而是因為外人的眼光，世俗的規則而分離。

從此以後，詩人失去的不僅僅是愛情，更是自由，甚至是生命。他的愛情如同他的其他一切，一生命運掌控在別人的手裡。

所以倉央嘉措說自己「天真」並不是後悔於自己的魯莽行為，相反他只是想靠愛情去尋找屬於自己的自由，從愛情中找到一片屬於自己的天空，而不再被人控制與操縱。可是他最後的困獸之鬥也終於失敗了，他的力量是渺小的。他所謂的「天真」是說自己這種反抗的天真，還以為真能靠自己一己之力對抗整個強大的不安的世界。

抱慣嬌軀識重輕——難識美人心

倉央嘉措的確是實實在在的性情中人。敢抒發別人不敢抒之情，敢表達別人羞於表達之意。有一首詩歌，盡顯詩人本色。

抱慣嬌軀識重輕，就中難測是深情，
輸他一種占星術，星斗彌天認得清。

詩歌中最講究的是含蓄，於情景之中融合自己的感情。用詞也較委婉曲折。可倉央嘉措卻打破這個規律，起句就先聲奪人，一句「抱慣嬌軀識重輕」不禁令人咋舌。直言與心愛的女孩子相擁相愛。她在他的身邊躺著，他抱著她，能夠感知到心上人的體重，卻不能預測到她的心裡到底他佔著多少分量。

當他拿星星與心上人的心相比。他無奈地感嘆道：天上的星星易測，卻沒有猜對透方之心的方法。

在古代，占星是一項和生產生活密切相關的活動。人們根據星星的變化知道時令變化，再根據變化進行各種農業活動。另外，在中國古代，星星也是預測吉凶的重要工具。如果星星運行正常，那麼通常被認為是太平世界。反之，如果星星運行不正常，那麼通常被認為是亂世。所以預測星星在古代是個非常重要的事情，是攸關於江山社稷的大事。

星星在遠離我們的外太空，在科技如此飛速發展的今天我們對它們的瞭解也是寥寥無幾，更遑論在倉央嘉措的那個年代。倉央嘉措竟然把觀測星星這樣艱難的事情看得易如反掌，反倒是猜測心上人的心讓詩人感到更困難。

都說女孩子的心思不要去猜，猜來猜去也猜不透。

熱戀中的男女對愛情總是那麼專制。少聽一句我愛你便渾身發癢，不說一聲我離不開你便以為對方滿不在乎。愛情中的人們總是容易對自己產生懷疑，對對方的愛產生懷疑。於是總是有很多人要求著自己的戀人每天說上好幾遍我愛你才求得安全感。每天玩著猜心的遊戲，必須有肯定的回答才能安穩。

倉央嘉措便處於了這樣的一個狀態。「抱慣嬌軀識重輕」，他既已與心上人都已經相擁，自然已經得到心上人的愛慕。可他對自己的愛情總是不確定，於是拚命想揣摩對方的心思，一定要得到一個可以「表現」出來的肯定回答。詩人毫不保留地在讀者面前表現出了他墜入愛河時候的情狀。至情至

性，莫過如此。

然而反過來想，如果愛情正如日月星辰一樣，每一天每一分每一秒都知道自己的命運，如自然規律般可以掌握，那麼愛情的樂趣還在哪裡？遇見什麼人，在哪裡遇見他，我們到底會發生什麼故事，如果這些都是可以預知的，那麼愛情還會讓我們如此期待嗎？世間還有那麼多美麗的邂逅嗎？

「你愛我有多深？」這是一個難以回答的問題。說小了被說為不夠愛，說大了以為是吹牛皮。其實愛有多深，並不在言語裡，而在行動中。如果愛，那麼他的每一個細節都體現出他的關心，他的在意；如果不愛，即使牽手依舊覺得寒冷，即使擁抱依舊覺得遙遠。戀人們明明知道對方的心，卻還總是懷疑與否定。恐怕只是越是愛越怕失去吧。

或者也只是我們還太年輕，不懂得保護自己，相信愛情裡的各種旖旎傳說，然後華麗地成了一位實踐者。可又怎麼知道，真正的愛其實處處體現在細節裡。

性命唯堪寄酒杯——酒杯寄愛

在倉央嘉措的許多詩歌中，都有提到酒肆酒坊等地。其中有一首詩這樣寫：

少年浪跡愛章台，性命唯堪寄酒杯，

傳語當壚諸女伴，卿如不死定常來。

「章台」就是指漢朝時候長安城的章台街，是歌伎聚集之所。後來就被沿用專指煙花之地。

他說，自己喜愛浪跡於煙花之地，生性浪蕩。但他的生命，卻只有在緊握酒杯之時，才會短暫的暫放出一份光彩。

在布達拉宮，他是雪域之王。所有西藏人民都尊崇他。而他卻覺得這一條薄命只有寄託於美酒之中。是看開一切的豪放嗎?或者只是無人能懂的寂寞?

從古至今，孤獨之人偏愛的無非三樣東西：酒、詩、愛。

而倉央嘉措便是這類的典型例子。他寫詩無非是抒發苦悶情緒，他喝酒不過是想放浪形骸，他戀愛不過是想要自由。酒、詩、愛於他都是最好的解藥，給他中毒太深的寂寞有一個剛剛好的出口。

一個本應該最遵守清規的和尚卻更愛世俗的燈紅酒綠。他毫不隱晦地表達了自己對滾滾紅塵的戀愛。人生在世，有太多的不盡如人意，還有許多數不清楚的遺憾。每個人面對這個讓人孤獨的世界都需要有排遣的方法。有的人用毒品、性愛、酒精、有的人用宗教、哲學，有的人用詩歌、音樂、繪畫，有的人用運動、出遊……每個人的方法都是不同的，有的辦法極端，有的辦法溫柔，有的辦法可行，

有的辦法無望。倉央嘉措選擇的便是許多人都會選擇的酒、詩，與愛。

他心愛的姑娘，的確是與他在酒肆間相遇的。無論是古代還是現代，這樣的場所裡，風花雪月的故事總是會有很多，也在所難免。因為酒精會麻痹我們的意志，讓我們更放縱自己，使得我們追求在理智下不曾敢追求的東西。

而倉央嘉措，當然也不是隨便玩玩的花花公子。他願意把自己的全部給她。「卿如不死定常來」說得直白點就是只要你來這家酒家，我就來。你不來了，我也就不來了。我為的只是你。足見詩人對這位姑娘的真心實意。

從這首詩歌裡我們看出，這個女孩子要嘛是淪落風塵之地的可憐女子，要嘛是小酒家裡的酒家女，最好就不過是來酒家喝酒的女孩。

可見，他想要的不過是純純粹粹的愛情。不管她是什麼地位，什麼身分。

不知道古人為何發明酒這樣的飲品。它的味道並不討人喜歡，苦而澀，比起甜甜的果汁，味道實在令人不敢恭維。可千百年來，人們卻依舊對酒情有獨鍾。其實愛的不過是喝酒之後那縱情山水，物我兩忘的境界。

在朦朧之中，愛情也便最容易萌發。

此生雖短意纏綿——此愛無盡

倉央嘉措是一位和尚。而恰恰是一位和尚用他的筆譜寫了最動人的情歌。有一首詩歌，可說是他一生愛情的寫照。

結盡同心締盡緣，此生雖短意纏綿，
與卿再世相逢日，玉樹臨風一少年。

與其說這是一首詩，不如說是倉央嘉措愛的遺言。

「結盡同心締盡緣，此生雖短意纏綿」，他用前面兩句話來概括了他這輩子的愛情。此生能與心愛的人相遇相愛，一生便也無悔。人生雖然短如朝露，但是這份感情卻纏綿深刻。後面兩句話是對來生的期許。「與卿再世相逢日，玉樹臨風一少年」，來生再與心愛的人相遇，那個時候我一定是位玉樹臨風的少年，挽起她的手，快快樂樂度過一生。

雖然因為這段愛情，倉央嘉措惹來了殺身之禍，但是他卻並沒有因此後悔。我們從他的詩歌中可以看出，他的一生裡對愛都是執著和認真的，也從未有過後悔之意。

在我們的身邊，已經很少再能聽到至死不渝的誓言了。我們也不再相信天長地久的愛情。相比之下，我們更願意相信那只是一個美好的願望。

人世間的百轉千迴，造就了多少淒美的愛情故事。生之不可得造就了死之傳奇。所以我們口裡傳頌的還是梁山伯與祝英台這樣的悲劇，卻罕見喜結連理的喜劇。這是什麼原因造成的呢？

因為悲劇裡有更深沉的力量。

倉央嘉措知道他與達娃卓瑪的愛情是沒有結局的。他們本就佛俗兩界，各自殊途。能夠相遇便是緣分，而悲劇的結局也是劫數。在倉央嘉措一組叫做《問佛》的組詩裡有那麼一句話：和有情人做快樂事，別問是劫是緣。這也較能體現詩人對這段愛情的態度。他心知肚明這段感情是不會開花結果的，但是又受制於本性的驅動，情不自禁地墜入情網。而這就是悲劇——明知無法改變，卻還是竭盡全力地做出努力。

而今生，是再無緣分相守了。

所以，倉央嘉措只能覬覦來世，給他的心上人承諾一個來世的諾言。承諾著把彼此最好的青春獻給對方。

愛人們的情意總是如此纏綿，多到今生和來世還不夠。恨不得生生世世，永生永世都相依相偎。

今生，倉央嘉措和他的心上人已經耗盡了心力。可是強大的命運還是降臨到了他們的頭上。拉藏汗逼走倉央嘉措，至青海湖時倉央嘉措神秘死亡。達娃卓瑪嫁給了當地的一位英俊小夥子。這份愛情曾經也纏綿，曾經也溫柔，曾經也讓人充滿希望，但美好的幻想終究是會破滅的。

這份愛裡面也許曾經有著讓人羨慕和祝福的理由，可千萬種存在的理由都敵不過一個消失的緣由。只有關於來生的誓言似乎還可以撫慰心中的痛。

可這一切最終還是消散在茫茫的時間裡，再沒有上演。只有詩歌裡我恰好翩翩少年，你正逢情竇初開。於是美好的故事在上演著……

安得與君相決絕——真愛此生

「但曾相見便相知」是倉央嘉措眾多詩歌裡最聞名遐邇的一首。現在最流行的《十誡詩》就是這首詩歌的現代翻譯版本。

第一最好不相見，如此便可不相戀。
第二最好不相知，如此便可不相思。
第三最好不相伴，如此便可不相欠。

第四最好不相惜，如此便可不相憶。
第五最好不相愛，如此便可不相棄。
第六最好不相對，如此便可不相會。
第七最好不相誤，如此便可不相負。
第八最好不相許，如此便可不相續。
第九最好不相依，如此便可不相偎。
第十最好不相遇，如此便可不相聚。
但曾相見便相知，相見何如不見時。
安得與君相決絕，免教生死作相思。

曾緘先生為民國時候人，他的翻譯版本如下：

但曾相見便相知，相見何如不見時？
安得與君相決絕，免教辛苦作相思。

在詩歌的流傳中經常會出現篡改、添加、刪除等現象。越有名的詩歌很多時候也是遭修改最多的。比如這一首就是典型的例子。曾緘先生的版本裡只有說到「最好不相見便可不相戀，不相知便可不相思」這個層次。

曾緘先生的版本翻譯過來的字面意思是：我們僅僅相見便因此相知，早知道現在如此思念你，不如從未與你相見過，這樣才能和你說再見。頗有納蘭容若「人生若只如初見」的悲涼之感。然而毋庸置疑的是所謂《十誡詩》裡的後八誡屬於後人杜撰與添加，並不是倉央嘉措原筆。這首詩歌能夠得到後人如此的垂青，可見它的影響力之大。

在整個六十六首詩歌中，這首詩是最後一首。也正是倉央嘉措一生情愛的寫照。詩人勉強用詩歌說著解脫的話語，實則更透露出他的不捨和纏綿。

如果沒有相見，如果沒有相知，如果沒有相愛……那麼也不會有日後分離的痛苦和相思的折磨，也沒有生離死別的孤寂與悲劇。若曾沒有相見，或許他們彼此的生命就如其他千萬個生命一般，在紅塵裡平平淡淡地走一遭，然後又匆匆忙忙去了。或許倉央嘉措會是一位好的活佛，潛心鑽研佛法，成為一位後人敬仰的佛學大師。或許他的心上人達娃卓瑪會遇見一個深愛她、她也深愛的小夥子，生兒育女，過著平淡的生活。他們的生命或許從來就不會產生任何交集，互不干涉，沒有關聯。而歷史也將會是另一個樣子。拉藏汗再沒有藉口逼走倉央嘉措，倉央嘉措也不會死在青海湖畔。

而一切都是或許。事實上是他們的確相遇了，他們的確相知了，他們的確相愛了。人與人之間的相遇與分離都如佛說是緣起緣滅。緣起時你無法逆轉它，緣滅時你也無法挽回它。生住壞滅都有它自己的道理。或許這就是人們所謂的命運。

雖然他和他的心上人緣分已滅，然而我們如今讀到他的詩歌，也可說是和他的緣分。聽他講述那三百年前他的愛情故事。在這個瞬息萬變的世界裡，每分每秒都有許多愛情故事在發生。

人們每分每秒都可以相愛或者分手，人們每時每刻都可以堅持或者放棄。可是又有多少人懂得緣起緣滅的道理呢？緣分來的時候我們總是樂不可支，忘乎所以，乃至都不能觀察到緣分正悄悄流逝。等到緣分已盡，再無回天之力的時候，才頓時悔悟，終知道今天的分離原來都是由於昨日的冷漠與疏忽。

於是，我們流淚，我們傷感，我們痛苦了，或學著和倉央嘉措一樣，用詩歌排遣自己的痛苦之情。那個時候又有何用呢？

如果愛，就請深深去愛吧。

四、須彌不動住中央
——倉央嘉措與佛

縱然滅卻書中字，難滅情人一片心——難忘佛言

世界上最好的兩件東西一個是「已失去」，一個是「得不到」。那麼愛情對倉央嘉措來說既是已經失去的，也是再也得不到的。

然後，這些瑣碎的記憶便時不時爬上心頭，難以磨滅。

手寫瑤箋被雨淋，模糊點畫費探尋，
縱然滅卻書中字，難滅情人一片心。

初讀此詩，大致意思無非是這樣：在某個下雨的日子裡，他的情書被淋濕，字跡被毀，字已經無法識別，可在他心中，愛卻不會因此消失。

但仔細研讀，這樣的理解卻似有不妥。

「手寫瑤箋被雨淋」，也就是說，他一定是在露天的環境裡寫信。按常理來說，書房才是書寫書信的地方，鮮有人會在露天寫信。再退一步來說，讓我們假設倉央嘉措是個特立獨行的人，他偏偏就是喜歡在露天寫信。那麼，這個說法合理嗎？倉央嘉措唯恐自己的事情被桑結嘉措發現，又怎麼會明目張膽地光天化日下寫情書給達娃卓瑪呢？

那麼，倉央嘉措，他到底在寫些什麼呢？

只有一個解釋：他在抄寫佛經。

他抄寫佛經時候，天空突然下起了雨，大雨模糊了書上的字。雖然如此，佛法卻依舊在詩人的心中。

民間的倉央嘉措，只是個「不學無術」的浪蕩公子，使他如此受人熟知的也是因為他的「風流韻事」。然而倉央嘉措的「風流」有別於花花公子們的風流。他嚮往的只是最純潔的，和普通人一樣平

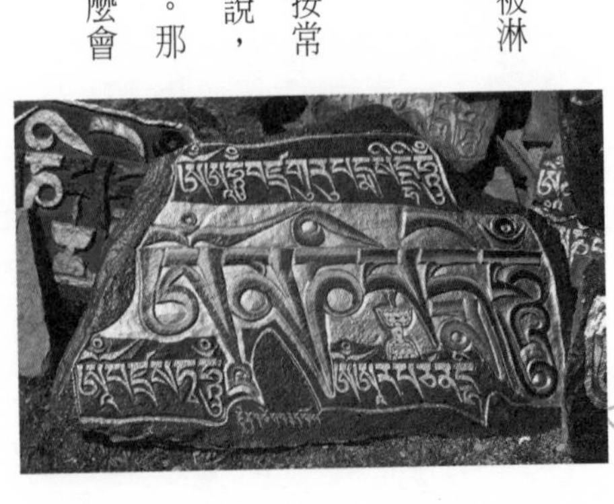

平淡淡的愛情。

作為一個活佛，雖然他並沒有像五世達賴一樣寫下了許多佛學的理論專著，但並不代表倉央嘉措心中只有情愛，沒有佛心。即使在後來，東窗事發，他的師傅們也只是評價他為「迷失菩薩」，可見他並不只是一個我們所想的「花花公子」。他只是擁有一顆赤子之心，渴望著世人一般的愛情。

以「情人」比喻佛法，這在詩歌中是一個很少見的現象。初看覺得頗有褻瀆佛門清淨之嫌，但仔細一讀給人更加直觀、更加親切之感。當僧人修行時候，佛法無時無刻不在他心中。他的生活中全部都是佛法。他在冥想中深深地感受到佛法的無邊，徜徉在佛法自在的海洋裡，覺悟之後達到最大喜樂。僧人和佛法的關係就如情人之間的關係，它讓修行的人充滿了快樂。佛法是一種使人活得更加快樂的方法，它雖然精奧深妙，但卻不應該被束之高閣，走進神壇，它應該是能被人們所用的，讓人們更幸福的。而「情人」這個比喻瞬間就拉近了普通人和佛法的距離。

「瑤箋」二字說明他對這本書的尊敬和喜愛。可見他並不如民間所傳說的只是一個「遊戲花叢」的浪蕩公子。

而人們卻還依舊津津樂道地把這首詩歌當作愛情詩來解讀，可見後人對歷史人物的評價往往加入了許多自己的主觀想像。把人物的某部分性格

誇張與放大，以致使得人物形象臉譜化、平面化。

這首詩歌雖然被選入了《倉央嘉措情歌全集》，但實際上卻並不是一首情詩。原本想證明倉央嘉措是個多情公子，卻反而駁斥了這個觀點。佛說因果，也許如是。

直到一朝遺失後，每思奇痛徹心肝——佛門寶貝

在倉央嘉措的詩歌中，有一些詩歌的主題一直存在爭議。雖然選入者都把這些詩歌入選進了《倉央嘉措情歌全集》，但是否真是「情詩」卻讓人疑惑。爭議比較大的有一首詩：

明知寶物得來難，在手何曾作寶看，
直到一朝遺失後，每思奇痛徹心肝。

這首詩歌從字面上來說並沒有什麼歧義。說的是詩人有一件東西，從未當作寶貝，直到丟失了才知道它的可貴，每每想起來就心痛無比。

爭議的關鍵是那件「寶物」到底指的是什麼呢？

一種說法認為「寶物」就是他的心上人。另一種說法認為「寶物」是佛法。

如果是第一種說法，那麼這首詩歌就是倉央嘉措的懺悔。

「明知寶物得來難」，倉央嘉措能和心愛的姑娘結識、相處自然是非常不容易的事情。他每天晚上要偷偷地趁所有人不注意溜出戒備森嚴的布達拉宮，還要易裝易容，才能瞞過別人的眼睛，第二天天還未亮，他便要和他的朋友們辭別，和心愛的姑娘難捨難分，重新回到他不曾喜愛的布達拉宮，面對一千面無表情的人們。

然而「在手何曾作寶看」這句話卻教人費解。面對如此曲折不易的愛情，他不去珍惜反而將它視若草芥嗎？而且從倉央嘉措的眾多情詩中我們看出他的一片赤誠之心，又怎麼會莫名其妙地不珍惜他的心上人呢？

後面兩句話雖然沒有理解上的困難，但是放在如此情景下就顯得文理不通。

看來，將「寶物」理解為他的心上人並不完全合情合理。

第二種說法認為「寶物」是指佛法。且慢慢分析。

「明知寶物得來難」，這話放於佛法並不為過。無數人希望透過打坐修行能夠領悟佛法精神奧義，修得正果。而佛法當然也不是輕易可以領悟的。「在手何曾作寶看」，這點用佛法便可以比較合理地解釋。倉央嘉措雖然和其他活佛不一樣，並沒有從小生活在布達拉宮，但是為了培養年輕的小靈

童，桑結嘉措沒有一點含糊，給小靈童上的是活佛的「必修課」。可以說他年輕的時候並沒有其他事情可做，不過是學習佛法，修行，再學習，再修行，如此不斷重複，提高自己的造詣。可他畢竟和從小生長在布達拉宮的前幾世靈童不同，他的內心深處保留著只屬於民間的活潑和大膽。長大以後，在強大的政治鬥爭中，他感到自己力量的渺小和自身的脆弱，所以寧願選擇耽於「美色」，和心愛的人鶯鶯燕燕，以至於想放棄受比丘戒。在他的心裡佛法已經讓位給了愛情。那麼就算在他修行的時候偶爾頓悟佛法，估計他也沒有留心在意。

所以如果某一個突然的瞬間，他修行時候突然領悟了佛法中的某句精妙奧義，但可惜自己修為太淺，不能系統邏輯地把它表達下來，這種感性的頓悟消失以後，又沒有文字記載，以致再難尋找那一剎那的感悟。於是後悔不已。

如此一來，便沒有什麼不可理解之處，似乎比情愛說更合情合理。

當然，「一千個人心中有一千個哈姆雷特」，在每個人的心中都有自己理解中的「佛門寶貝」……

明明末法到滄桑——說法道佛

雖然倉央嘉措的詩歌命名為《倉央嘉措情歌全集》，但是也存在少數一些直接言說佛法的詩。比如以下：

浮雲內黑外邊黃，此是天寒欲雨霜，
班弟貌僧心是俗，明明末法到滄桑。

由於他的風流行徑，大多數人都只記得他作為「俗人」的一面，卻忽略了他作為「僧人」的一面。論學識、論佛學的精研程度，六世達賴倉央嘉措根本不能與他的前輩五世達賴相比。五世達賴是一位學識淵博、博古通今的佛學大師，著有許多佛學著作。比之五世達賴的博大精深，六世達賴通常只是寫自己修行的過程，或者發表一些並不能形成系統理論的零散的觀點。

如果我們不以「學術」來要求倉央嘉措，那麼他的佛法詩，正好是研究倉央嘉措生活的最好的資料。這也讓我們更全面地瞭解這個足夠傳奇的人物。

「浮雲內黑外邊黃，此是天寒欲雨霜。」這兩句話說的是天空黑壓壓的一片，不久將要下雨。「班弟貌僧心是俗，明明末法到滄桑。」班弟，在西藏被認為是邪魔外道。倉央嘉措特地寫詩來指出班弟的錯誤「明明末法到滄桑」。這其中自然有宗教的一些鬥爭。先拋棄無謂的爭論，我們首先

應該知道所謂班弟到底是什麼樣的？為何會讓倉央嘉措如此排斥？而它的「貌僧心是俗」又體現在哪裡？倉央嘉措自己作為一個「貌僧內俗」的典型代表他又為何如此進行駁斥呢？

「班弟」很有可能是印度語「班弟達」的簡稱，意思是「學識高深的學者」。藏傳佛教兩大重要領袖之一的「班禪」中的「班」就是「班弟達」的簡稱。那麼，他到底是在批判一位特定的「學識高深的學者」，還是批判這樣一類人呢？

倉央嘉措批判的，應該是一個特定的人。他作為五世達賴的轉世靈童，從小就有極高的悟性。我們知道，五世達賴是一位擁有非常高學問的僧人，在當代完全是一位佛學大師。倉央嘉措雖然在個人生活上離經叛道，不肯墨守成規，但是對於自己的前世達賴，倉央嘉措肯定還是非常尊重與敬重的。可見倉央嘉措並不是想批判所有「學識高深的學者」。

佛教內部派系林立，僅僅在中原就有「淨土宗」、「天臺宗」、「禪宗」等許多各種派別。更別說在西藏這樣佛教更加興盛的地方。僅僅倉央嘉措時候，就有黃教、紅教、白教等的鬥爭。五世達賴為黃教在西藏的地位做出了卓越的貢獻。六世達賴作為他的繼承人，自然也要把黃教更加發揚光大。但是，宗教鬥爭是一個非常複雜的事情。作為最高的宗教領袖，恐怕不會把「鬥爭」的意思直接寫在白紙黑字上。如果他需要真的發出一些「討檄」，也應該使用正式的「工作文件」，而不是在自己的詩集中。

那麼，這首詩歌只能理解為勸解那位「學識高深的學者」，不要再本末倒置，把謬論當真理。當然所謂「法的本末」是公說公有理，婆說婆有理的事情。

我們也側面看出，倉央嘉措雖然非常多情，卻並非真的酒囊飯袋之徒。對於佛法，他顯示出的還是無限的忠誠。

須彌不動住中央——佛的世界觀

其實倉央嘉措留下來的是一本詩集，但是後人卻常常認為是情詩。雖然他的詩集中絕大多數是情詩，但也有一些是明確地禮讚佛祖的。比如下面一首詩歌：

須彌不動住中央，日月遊行繞四方，
各駕輕車投熟路，未須卻腳嘆迷陽。

須彌被認為是佛教中世界的中心。按佛教說，須彌山下四周有大海環繞，依次有七重海，七重

山。七重山外是大鹹海，海外有鐵圍山。鹹海四周分佈著四大洲。四大洲又稱四天下，其間有一個太陽，一個月亮，晝夜不停地轉動，照亮此四天下。如此以須彌山為中心的九山、八海、四洲，再加上日月，就構成了一個世界。

「須彌不動住中央，日月遊行繞四方」，說的就是佛教的這個宇宙觀。

「各駕輕車投熟路」，這句話最難理解的地方是到底誰「輕車熟路」呢？

在中國古代，日月星辰等自然現象都被認為有神掌管。比如掌月亮的叫「望舒」，後來的人就直接以「望舒」代月亮。根據《幼學瓊林》中記載，古代人認為每天日月變化就是日月兩神輪流交班。那麼「各駕輕車投熟路」這句話的意思是日月每天按照著規律升起又落山，並對這樣的規律非常熟悉。其實通俗來說就是「天地不仁，以萬物為芻狗」。

我們可以再引申出來看，日月更替是世間變化的主要活動，象徵著時間的流逝。所以不妨認為是天地萬物都遵循著自己的規律在運行著。「未須卻腳嘆迷陽」，迷陽的意思是「無所用心，詐狂」。整句話的意思，「不必退縮，感到迷茫。」其實這句話應該和前面一句話聯繫起來，意思是「天地萬物順著自然的規律運行，不必退縮，不必感到迷茫」。

雖然這首詩歌的主旨是為了讚揚佛祖，但也表達了作者的世界觀。對我們研究倉央嘉措的思想有一定的價值。

這首詩歌表達的是佛教對世界的看法，但是裡面傳達的一些理念卻值得我們借鑑。

天地之間自然有它的運行規律，人類的力量雖然可以利用規律為自己服務，但卻不能改變自然規律。大到日月星辰，小到蛇蟲鼠蟻，每一件事物都按照著自己的規律運動著。

如何才能生活得快樂？那就是遵循和利用規律。我們常常感到沮喪，覺得生活中充滿困惱和阻礙。或許我們可以換一個角度去做事情：順其自然，遵循事物的規律。比如柳宗元有一篇散文，名叫《種樹郭槖駝傳》。郭槖（槖音ㄊㄨㄛˊ）駝種樹的秘方就是「順其本性」。我們的生活中卻總是充滿著很多偏執，以為自己的力量可以去和世界的規律對抗，最後導致自己受傷。遵循規律並不代表我們軟弱，反而體現了我們的智慧。只要我們認識規律，能夠利用規律，讓規律為我們自己所用，那麼又何來的軟弱之談呢？

倉央嘉措的生活其實應該說來也是遵循了他自己的本性。有研究發現倉央嘉措的父母是紅教信徒，所以在他們這個族裡認為宗教與愛情並不矛盾。加之，他並不是從小就在布達拉宮接受清規戒律的教育，所以他和其他達賴相比保留了很多世俗的一面，所以才會留下許多風流故事，寫下了無數纏綿的情詩。

「和有情人做快樂事，別問是劫是緣。」他的《問佛》中這句話是對他所作所為的最好詮釋。

誓言訶護有金剛——世尊之讚

在倉央嘉措中，明確讚佛的詩歌較少，其中有一首較為直白和顯露。

十地莊嚴住法王，誓言訶護有金剛，
神通大力知無敵，盡逐魔軍去八荒。

與倉央嘉措朗朗上口、樸素直白的情詩相比，他的讚佛之詞就顯得條理分明，邏輯清晰。整首詩歌從各方面讚揚了佛祖。當然，作為一個出家人，他自然會推崇佛祖。我們且當作研究倉央嘉措思想的資料。

「十地」是一個佛教用語，多指惡人永遠沉淪的地下九幽之所，是地界的補充。「法王」是對佛祖的尊稱。第一句話的意思是說在這個世界裡住著莊嚴的佛祖。「誓言訶護有金剛」，「訶護」是指守衛。「金剛」在西藏密宗中常用於武器方面，多作為諸尊之三摩耶形，具有催破眾生之煩惱，去除惑業之障難，驚覺眾生等各種含義，此外亦此以之為諸尊所住三摩地之標幟，又持金剛杵之力士，稱為執金剛，略稱金剛，寺院中之四天王像，俗稱為四大金剛。這裡當取武器之意。意思是佛祖發願拯救眾生，並且他擁有自己的「武器」來拯救眾生。「神通大力知無敵」讚美了佛祖的各個方面。「神通」與「知無敵」說的是佛祖覺悟世界一切，洞悉一切，「大力」讚美的是佛祖擁有巨大的拯救眾生的力量。「盡逐魔軍去八荒」，說的就是佛祖的功績。他驅逐了世界上的各種邪魔，還給了世界寧靜和諧。

整首詩歌全部是讚佛之詞，顯示出的是對佛祖的尊敬和對佛教的尊敬。這首詩歌裡，我們看到的是一位虔誠的佛教徒的形象，和通常給人留下的「浪蕩公子」的印象差別非常巨大。

這足以證明雖然倉央嘉措留戀於滾滾的紅塵，但並不是純粹的紈褲子弟、酒肉之徒。在他的生活裡，女人是一部分，佛祖更是一部分。

我們在讀他的詩歌時，往往把他多情世俗的一面放大，片面地認為他是一位「淫僧」，只知道耽於酒色，遊戲人間。忽視了他作為一個僧人的前提條件。

如果他不是一個和尚，不是活佛，那麼他的情歌不過是一個多情公子的抒情之作。正是因為他特殊的身分，才注定了他的愛情故事的特殊之處。比如著名的一句話：世間安得雙全法，不負如來不負卿。作者突出自己在面對佛法與心上人之間的矛盾，給詩歌非常強大的衝擊力，讓人印象非常深刻。

在文學作品中，無論是戲劇還是小說，都需要戲劇衝突推動情節的發展。詩人把這一手法運用到詩歌當中，給人強烈的新鮮感，極大增強了藝術感染力。

我們不能不說，倉央嘉措的詩歌廣為流傳的一大原因也是基於他的特殊身分。

我們生活在這個充滿限制的世界裡，總幻想著自己能夠衝破束縛，但又總是由於恐懼或者懦弱而又無法去衝破這些束縛。所以便喜歡把這種想法轉嫁到別人身上，或者歷史人物，或者小說人物上。一個多情的和尚——這樣的矛盾組合最能滿足人們的審美口味。一位多情的年輕公子哥寫出了許多熱烈真摯的情詩不足為奇，但原來這些詩歌卻出自於一位本該遵守清規戒律的和尚便會讓人產生無限的遐想。人們也就更願意去閱讀他的詩歌。

不觀生滅與無常——所謂正法

倉央嘉措詩集第四十七首，是明確的佛法詩。這也間接證明了倉央嘉措的詩集名為「情歌全集」實則有不少內容不關愛情。

不觀生滅與無常，但逐輪迴向死亡，
絕頂聰明矜世智，嘆他於此總茫茫。

生滅為佛教用語：依因緣和合而有，叫做生；依因緣分散而

無，叫做滅。佛教認為世間萬物此生彼滅，互相轉換。「生滅」的過程中包括生住往滅。一個現象的生起叫做「生」；當它存在著作用的時候叫做「住」；雖然有作用而同時在變異叫做「往」；現象的消滅叫做「滅」。然後新的現象又生住往滅。不斷輪迴。宇宙中一切現象，都是此生彼生、此滅彼滅的互存關係，其間沒有恆常的存在。這就是佛說的「無常」。

「但逐輪迴向死亡」，輪迴，即六道輪迴，為佛教基本概念之一。這六道分別為天道、人道、阿修羅道、畜生道、餓鬼道、地獄道。佛教中認為世間有情眾生（包括動物、植物、人類）因為善惡的因果報應不斷在此六道中輪迴。一旦「善業」或者「惡業」消耗完畢，就回進入到另一個「道」，永遠在這六道中輪迴。

前面兩句話是說：很多人不能觀察到世間萬物的無常，都以為死亡是輪迴的終點。

後面兩句話批駁了這些人。「絕頂聰明矜世智，嘆他於此總茫茫。」這些人自以為有著過人的智慧，實則愚鈍，不知佛法，不能觀死無常。

作為一個和尚，倉央嘉措自然最推崇的就是佛法。如果我們暫且不論這些理論的宗教意義，只當是哲學的理論來看，對我們的生活是大有裨益的。

所謂「無常」就是世間萬物無時無刻不在運動和變化。我們作為整個世界的一員，能以雙目觀世界之色，以雙耳聞世界之音，以鼻嗅世界之味，以肌膚感世界之質。佛教中認為眼耳鼻舌身為五根、

色聲香味觸為五境。五根加上五境再加無表色為「色」。色蘊、受蘊、想蘊、行蘊、識蘊合起來又叫五蘊。《金剛經》云：色不異空，空不異色。色即是空，空即是色。指外界的事物和內在的想法都是「空」，也都是「色」，人對它們不可能產生什麼影響，它們對於人的本性都不應該有什麼影響。因此教導人們要放下一切，擺脫苦厄。

世人常常為外界的各種事物而煩惱，就是因為沒有看到世事無常，割捨不了欲望的驅使，又逃避不了恐懼的折磨，所以戰戰兢兢，每日心懷憂慮，不覺滿足。

權力，名望，金錢，美色，世界上的各種誘惑都讓人迷失方向，用力追逐，到頭來也只是一場空。也有的人一生頹廢，碌碌無為，無所貢獻，感嘆人生易老，後悔不已。然而這種追逐或者放棄的過程都是人生必經之路，每個人的生活都有這樣的階段，我們唯一能做到的就是接受這個過程。如果能夠明白這些都是我們生命中必要經歷的東西，便也可以坦然自樂，遠離煎熬和折磨。

倉央嘉措要批判的就是那些不能看明白生死，陷入恐懼中的人們。

附錄：倉央嘉措年譜

一六一七年，五世達賴喇嘛羅桑嘉措出生於西藏瓊結。

一六四二年，五世達賴羅桑嘉措成為全藏政教領袖，年二十五歲。噶瑪王朝覆滅。甘丹頗章政權建立。

一六五二年，五世達賴率三千人入京會見順治皇帝。

一六七九年，桑結嘉措任第五世第巴，管理西藏地方政務。在任期內，他動員全西藏的人力、物力營修紅宮部分，經過兩年多的努力，在一六九三年完成舉世聞名的布達拉宮擴建工程。

一六八二年，五世達賴去世。桑結嘉措隱匿消息。並延續五世達賴生前的政策，繼續大力支持噶爾丹。此後秘密培植本土勢力，意圖建立一個獨立的西藏政權。

一六八三年，倉央嘉措出生。

一六八四年，倉央嘉措被秘置當地，開始在巴桑寺學經。

一六八八年，噶爾丹吞併河套地區。統治天山南北，控制青海，以哲布尊丹巴不尊敬達賴為藉口出兵喀爾喀蒙古。不聽從清政府調停，直接威脅到清政府。

一六八九年，倉央嘉措父親去世，受舅父與姑母歧視，隨母遷到達旺附近的烏堅淩。

一六九〇年—一六九七年，康熙皇帝三次征討噶爾丹。噶爾丹自殺。其姪子策妄阿拉布坦繼任。此時康熙才得知五世達賴去世已經多年，對桑結嘉措狠狠地訓斥了一番。但認可了倉央嘉措的身分，批准他坐床。

一七〇一年，拉藏汗等蒙古部落首領不承認六世達賴。

一七〇二年，二十歲的倉央嘉措在日喀則遊蕩，在札什倫布寺向五世班禪要求還沙彌戒返俗，之前已表示拒受比丘戒。

一七〇三年，拉藏汗繼位。他不滿在西藏沒有實權的局面，和桑結嘉措進行激烈的鬥爭。康熙派欽差去拉薩查驗六世法體。

一七〇五年，桑結嘉措鋌而走險，兵敗被殺。拉藏汗以倉央嘉措為「假達賴」為名，請求廢黜。並立自己選定的益西嘉措為達賴。

一七〇六年，康熙派護軍下旨給拉藏汗，要他將「假達賴」押解到北京，實際上康熙只不過是試探拉藏汗對中央政府的態度。

一七〇六年冬，倉央嘉措被押解到青海，死。康熙皇帝認可了這種說法，不予追究。

一七〇七年，拉藏汗未經選定就奏報朝廷，已經立益西嘉措為六世達賴。但西藏地方政府和格魯派並不承認。康熙皇帝默認了益西嘉措的身分，「敕賜第六世達賴喇嘛」。但並未採用敕封。

一七〇八年，格桑嘉措出生。被格魯派認為倉央嘉措轉世靈童。此後康熙和拉藏汗都曾派人查訪。

一七一三年，郎溪冊封第五世班禪洛桑益西為「班禪額爾德尼」。希望削弱達賴的治藏權力。

一七一四年，格桑嘉措輾轉到青海，受到青海派首領羅卜藏丹津和博碩克圖濟農之子察罕丹津的歡迎。

一七一五年，「青海派」奏請清政府承認格桑嘉措「真達賴」的身分，並且要武力護送他回拉薩。後將格桑嘉措送往塔爾寺。

一七一六年，傳說倉央嘉措來到阿拉善，結識阿旺多爾濟一家。康熙先後兩次給格桑嘉措下旨，旨意中明確表示「爾實係前輩達賴喇嘛轉世」。此時，清政府牢牢將格桑嘉措掌握在手裡。而「青海派」勢力漸漸壯大。

一七一七年，準噶爾入西藏。殺掉拉藏汗。廢黜了益西嘉措。

一七一九年—一七二〇年，康熙皇帝命十四子胤禎為撫遠大將軍，對西藏用兵，並護送格桑嘉措入藏。這樣做的好處有四點。其一，拉藏汗已死，可以徹底清除西藏的和碩特蒙古勢力。其二，又逐了準噶爾部。滅了準噶爾部的野心。其三，格桑嘉措對清政府十分忠心，穩定西藏宗教集團。最後，軍事上藉此機會駐紮軍隊在西藏。加強對西藏的統治。

一七二〇年，康熙正式冊封格桑嘉措為「弘法覺眾第六世達賴喇嘛」。

一七二三年，青海丹增親王叛亂，康熙帝派川陝總督年羹堯平叛，塔布寺遭焚。

一七二四年，雍正冊封格桑嘉措為「西天大善自在佛掌管天下佛教知一切斡齊爾達賴喇嘛」。同年，下令阿拉善民眾遷居青海。

一七二四年—一七四五年，傳說倉央嘉措在阿拉善和青海之間往來。據說擔任了十三個寺廟的堪布。（寺院或藏僧學校之主持者）

一七四五年，倉央嘉措在阿拉善圓寂。

一七五一年，清政府下令由格桑嘉措掌管西藏地方政權。政教合一政權開始。

一七五七年，清政府評定準噶爾叛亂。格桑嘉措去世。九月，阿旺多爾濟的《倉央嘉措秘傳》成書，聲稱六世達賴倉央嘉措並未故於青海，曾在一七一六年收他為徒。

一七六〇年，乾隆皇帝感念倉央嘉措當年的悲劇命運，給不起眼的南寺賜名廣宗寺。授予鐫刻藏滿蒙漢四種文字的御筆金匾。

一七八一年，清政府正式冊封強白嘉措為八世達賴。間接承認了格桑嘉措為七世達賴，倉央嘉措為六世達賴。

附：《第六代達賴喇嘛倉央嘉措情歌全集》

于道泉、曾緘、劉希武三版本對照

（一）

【于道泉】

從東邊的山上，
白亮的月兒出來了。
少女的臉兒，
在心中已漸漸的顯現。

【曾緘】

心頭影事幻重重，化作佳人絕代容。

恰似東山山上月，輕輕走出最高峰。

【劉希武】

明月何玲瓏，初出東山上。
少女面龐兒，油然縈懷想。

（二）

【于道泉】

去年種下的幼苗，
今歲已成禾束。
青年老後的體軀，
比南弓還要彎。

【曾緘】

轉眼榮枯便不同，昔日芳草化飛蓬。
饒君老去形骸在，變似南方竹節弓。

【劉希武】

去歲種禾苗，今年未成束，

韶華忽衰老，佝僂比弓曲。

（三）

【于道泉】

自己的意中人兒，

若能成終身的伴侶，

猶如從大海底中，

得到一件珍寶。

【曾緘】

意外娉婷忽見知，結成鴛侶慰相思。

此身似歷茫茫海，一顆驪珠乍得時。

【劉希武】

倘得意中人，長與共朝夕，

何如滄海中，探得連城璧。

（四）

【于道泉】

邂逅相遇的情人，
是肌膚皆香的女子，
猶如拾了一塊白光的松石，
卻又隨手拋棄了。

【曾緘】

邂逅誰家一女郎，玉肌蘭氣郁芳香，
可憐璀璨松精石，不遇知音在路旁。

【劉希武】

邂逅遇佳人，肌膚自香膩。
方幸獲珍珠，轉瞬復捐棄。

（五）

【于道泉】

偉人大官的女兒，
若打量伊美麗的面貌，
就如同高樹的尖兒，

有一個熟透的果兒。

【曾緘】

名門嬌女態翩翩，閱盡傾城覺汝賢，

比似園林多少樹，枝頭一果娉鮮妍。

【劉希武】

侯門有嬌女，空欲窺顏色。

譬彼瓊樹花，鮮豔自高立。

（六）

【于道泉】

自從看上了那人，

夜間睡思斷了。

因日間未得到手，

想得精神累了吧！

【曾緘】

一自魂消那壁廂，至今寤寐不斷忘。

當時交臂還相失，此後思君空斷腸。

【劉希武】

自從見佳人，長夜不能寐，
相見不相親，如何不憔悴。

（七）

【于道泉】

花開的時節已過，
「松石蜂兒」並未傷心，
同愛的人因緣盡時，
我也不必傷心。

【曾緘】

我與伊人本一家，情緣雖盡莫咨嗟。
清明過了春自去，幾見狂蜂戀落花。

【劉希武】

已過花朝節，黃蜂不自悲，

情緣今已斷，何用苦哀思。

（八）

【于道泉】

草頭上嚴霜的任務，
是做寒風的使者。
把鮮花和蜂兒拆散的，
一定就是它啊。

【曾緘】

青女欲來天氣涼，蒹葭和露晚蒼蒼。
黃蜂散盡花飛盡，怨殺無情一夜霜。

【劉希武】

皚皚草上霜，翔風使之來，
為君遽分散，蜂花良可哀。

（九）

【于道泉】

野鵝同蘆葦發生了情感，
雖想少住一會兒。
湖面被冰層蓋住以後，
自己的心中乃失望。

【曾緘】

飛來野鶩戀從蘆，能向蘆中小住無。
一事寒心留不得，層冰吹凍滿平湖。

【劉希武】

野鵝戀蘆荻，欲此片時立，
湖面結層冰，惆悵情何極。

（十）

【于道泉】

渡船雖沒有心，
馬頭卻向後看我。
沒有信義的愛人，

已不回頭看我。

【曾緘】

莫道無情渡口舟，舟中木馬解回頭。

不知負義兒家婿，尚解回頭一顧不？

【劉希武】

野渡舟無知，馬頭猶向後，

獨彼負心人，不我一回首。

（十一）

【于道泉】

我和市上的女子，

用三字做的同心結。

沒用解錐去解，

在地上自己開了。

【曾緘】

遊戲拉薩十字街，偶逢商女共徘徊。

匆匆綰個齊心結，擲地旋看已自開。

【劉希武】

我與城市女，共作同心結。
我未解同心，何為自開裂。

（十二）

【于道泉】

從小愛人的「福幡」，
豎在柳樹的一邊兒。
看柳樹的阿哥自己，
請不要向上拋石頭。

【曾緘】

長幹小生最可憐，為立祥幡傍柳邊。
樹底阿哥須護惜，莫教飛石到幡前。

【劉希武】

伊人豎福幡，祈禱楊柳側。

寄語守樹兒，投石勿高擲。

（十三）

【于道泉】

寫成的黑色筆跡，
已被水和雨滴消滅。
未曾寫出的心跡，
雖要拭去也無從。

【曾緘】

手寫瑤箋被雨淋，模糊點畫費思尋。
即使滅卻書中字，難滅情人一片心。

【劉希武】

黑字已書成，水滴即可滅，
心字不成書，欲拭安可得。

（十四）

【于道泉】

嵌的黑色的印章，
話是不會說的。
請將信義的印兒，
嵌在各人的心上。

【曾緘】

小印圓勻黛色深，松鉗紙尾意沉吟。
煩君刻畫相思去，印入伊人一寸心。

【劉希武】

佩章印黛痕，默默不可語。
請將義與誠，各印深心處。

（十五）

【于道泉】

有力的蜀葵花兒，
若去做供佛的物品，
也將我年幼的松石蜂兒，

帶到佛堂裡去。

【曾緘】

細腰蜂語蜀葵花，何日高堂供曼遮。
但使儂騎花背穩，請君馱上法王家。

【劉希武】

君如折葵花，佛前常供養，
請將我狂蜂，同帶佛堂上。

（十六）

【于道泉】

我的意中人兒，
若是要去學佛，
我少年也不留在這裡，
要到岩穴中去了。

【曾緘】

含情私詢意中人，莫要佛門證法身。

卿果出家吾亦逝，入山和汝斷紅塵。

【劉希武】

倘我意中人，繡佛青燈屋，
我亦無留念，遺世避空谷。

（十七）

【于道泉】

我往有道的喇嘛面前，
求他指我一條明路。
只因不能回心轉意，
又失足到愛人那裡去了。

【曾緘】

至誠皈命喇嘛前，大道明明為我宣。
無奈此心狂未歇，歸來仍到那人邊。

【劉希武】

我過高僧前，求指光亮路，

塵心不成轉，又往情人處。

（十八）

【于道泉】

我默想喇嘛的臉兒，
心中卻不能顯現。
我不想愛人的臉兒，
心中卻清晰的看到。

【曾緘】

入定修觀法眼開，乞求三寶降靈台。
觀中諸聖何曾見，不請情人卻自來。

【劉希武】

我念喇嘛容，百思不能記，
我不念情人，分明入夢寐。

（十九）

【于道泉】

若以如許的精誠，
用在無上的佛法。
即在今生今世，
便可肉身成佛。

【曾緘】
靜時修止動修觀，歷歷情人掛眼前。
肯把此心移學道，即生成佛有何難。

【劉希武】
未翻譯

(二十)

【于道泉】
潔淨的水晶山上的雪水，
鈴蕩子上的露珠，
加之甘露藥的酵「所釀成的瓊漿」，
智慧天女當壚。

若用聖潔的誓約去喝，
即可不遭災難。

【曾緘】

醴泉甘露和流霞，不是尋常賣酒家。
空女當壚親賜飲，醉鄉開出吉祥花。

【劉希武】

山雪調草露，香冽成瓊漿，
天女且當壚，飲罷愁何有。

（二十一）

【于道泉】

當時來運轉的時機，
我豎上了祈福的寶幡。
就有一名名門的才女，
請我到伊家去赴宴。

【曾緘】

為豎幡幢誦梵經，欲憑道力感娉婷。
瓊筵果奉佳人召，知是前朝佛法靈。

【劉希武】

福幡立中庭，果爾降僥倖，
名姝設華筵，召我伊家飲。

（二十二）

【于道泉】

我向露了白齒微笑的女子們的坐位間各處看了一眼，
一人羞怯的目光流轉時，
從眼角兒間射到我少年的臉上。

【曾緘】

貝齒微張笑靨開，雙眸閃電座中來。
無端覷看情郎面，不覺紅渦暈兩腮。

【劉希武】

座中有一女，皓齒復明眸，

含笑偷覷我，羞情眼角流。

（二十三）

【于道泉】

由於心中熱烈的愛慕，
問伊是否願做我的親密的伴侶？
伊說：若非死別
決不生離

【曾緘】

情到濃時起致辭，可能長作玉交枝。
除非死後當分散，不遣生前有別離。

【劉希武】

情痴急相問，能否長相依，
伊言除死別，決不肯生離。

（二十四）

【于道泉】

若要隨彼女的心意，
此生同佛法的緣分斷絕了；
若要往空寂的山嶺間去雲遊，
就把彼女的心願違背了。

【曾緘】

曾慮多情損梵行，入山又恐別傾城。
世間安得雙全法，不負如來不負卿。

【劉希武】

我欲順伊心，佛法難統籌，
我欲斷情絲，對伊空辜負。

（二十五）

【于道泉】

工布少年的心情，
好似拿在網裡的蜂兒。
同我做了三日的宿伴，

又想起未來與佛法了。

【曾緘】

絕似花蜂困網羅，奈他工布少年何。
圓成好夢才三日，又擬將身學佛陀。

【劉希武】

工布有少年，性如蜂在網，
隨我三日遊，又作皈依想。

（二十六）

【于道泉】

終身伴侶啊我一想到你，
若沒有信義和廉恥，
頭髻上戴的松石，
是不會說話的啊！

【曾緘】

別後行蹤費我猜，可曾非議縛陽臺。

同行只有釵頭鳳，不解人前告密來。

【劉希武】

念我同衾人，是否長貞節，

寶釵雖在頭，默默不能說。

（二十七）

【于道泉】

你露出白齒兒微笑，

是正在誘惑我呀？

心中是否有熱情，

請發一個誓兒！

【曾緘】

微笑知君欲誘誰，兩行玉齒露參差。

此時心意真相屬，可肯依前舉誓詞。

【劉希武】

微笑露瓠犀，似有逗人意，

芳懷真不真，請卿發盟誓。

（二十八）

【于道泉】

情人邂逅相遇，
被當壚的女子撮合。
若出了是非或債務，
你須負擔他們的生活費啊！

【曾緘】

飛來一對野鴛鴦，撮合勞他貢酒釀。
但使有情成眷屬，不辭辛苦作慈航。

【劉希武】

多謝當壚女，撮合雙鴛鴦，
兩情苟構怨，此責卿須當。

（二十九）

【于道泉】

心腹話不向父母說，
卻在愛人面前說了。
從愛人的許多牡鹿之間，
秘密的話被仇人聽去了。

【曾緘】

密意為難父母陳，暗中私說與情人。
情人更向情人說，直到仇家聽得真。

【劉希武】

親前道不得，伊前盡其詞，
耳邊心上語，又被情敵知。

（三十）

【于道泉】

情人藝卓拉茉，
雖是被我獵人捉住的。
卻被大力的主座，

訥桑嘉魯奪去了。

【曾緘】

膩綽仙人不易尋，前朝遇我忽成禽。
無端又被盧桑奪，一入侯門似海深。

【劉希武】

美人如仙女，嬌豔自活潑，
雖為我所擒，又被權貴奪。

（三十一）

【于道泉】

寶貝在手裡的時候，
不拿它當寶貝看；
寶貝丟了的時候，
卻又急得心氣上湧。

【曾緘】

明知寶物得來難，在手何曾作寶看。

直至一朝遺失後，每思奇痛徹心肝。

【劉希武】

明珠在握時，不作明珠看，

流落他人手，嗒焉長遺憾。

（三十二）

【于道泉】

愛我的愛人兒

被別人娶去了。

心中積思成疾，

身上的肉都消瘦了。

【曾緘】

深憐密愛誓終身，忽抱琵琶向別人。

自理愁腸磨病骨，為卿憔悴欲成塵。

【劉希武】

情人我所歡，今作他人友，

臥病為卿思，清癯如秋柳。

（三十三）

【于道泉】

情人被人偷去了，
我須求籤問卜去罷。
那天真爛漫的女子，
使我夢寐不忘。

【曾緘】

盜過佳人便失蹤，求神問卜冀重逢。
思量昔日天真處，只有依稀一夢中。

【劉希武】

美人失蹤影，問卜且焚香，
可憐可憎貌，夢寐何能忘。

（三十四）

【于道泉】

若當壚的女子不死，
酒是喝不盡的。
我少年寄身之所，
的確可以住在這裡。

【曾緘】

少年浪跡愛章台，性命唯堪寄酒杯。
傳話當壚諸女伴，卿如不死定常來。

【劉希武】

當壚女不死，酒量我無涯，
少年浪蕩處，實可在伊家。

（三十五）

【于道泉】

彼女不是母親生的，
是桃子樹上長的罷！
伊對一人的愛情，

比桃花凋謝得還快呢！

【曾緘】

美人不是母胎生，應是桃花樹長成。
以恨桃花容易落，落花比汝尚多情。

【劉希武】

伊非慈母生，應長桃花梢，
對我負恩情，更比花落早。

（三十六）

【于道泉】

我從小相識的愛人，
莫非是與狼同類？
狼雖有成堆的肉和皮給它，
還是預備住在上面。

【曾緘】

生小從來識彼姝，問渠家世是狼無。

成堆血肉留難住，奔走荒山何所圖。

【劉希武】

美人雖相愛，性同狼與犴，（犴音ㄢˊ，一種北方的黑嘴野狗）

狼犴飲食肉，終欲還故山。

（三十七）

【于道泉】

野馬往山上跑，

可用陷阱或繩子捉住；

愛人起了反抗，

用神通力也捉拿不住。

【曾緘】

山頭野馬性難馴，機陷猶堪制彼身。

自嘆神通空具足，不能調伏枕邊人。

【劉希武】

野馬馳荒山，羈轡尚可挽，

美人變芳心，神力不可轉。

（三十八）

【于道泉】

躁急和暴怒聯合，
將鷹的羽毛弄亂了；
詭詐和憂慮的心思，
將我弄憔悴了。

【曾緘】

羽毛零亂不成衣，深悔蒼鷹一怒非。
我為憂思自憔悴，哪能無損舊腰圍。

【劉希武】

秋鷹為暴怒，羽毛遂凌亂，
我因常憂傷，容顏暗偷換。

（三十九）

【于道泉】

黃邊黑心的濃雲，
是嚴霜和災雹的張本；
非僧非俗的班第，
是我釋教法的仇敵。

【曾緘】

浮雲內黑外邊黃，此是天寒欲雨霜。
班第貌僧心是俗，明明末法到滄桑。

【劉希武】

未翻譯

（四十）

【于道泉】

表面化水的冰地，
不是騎牡馬之處；
秘密愛人的面前，
不是談心的地方。

【曾緘】

外雖解凍內偏凝，騎馬還防踏暗冰。
往訴不堪逢彼怒，美人心上有層冰。

【劉希武】

地上冰初融，不成以馳馬，
秘密愛人前，衷情不成泄。

（四十二）

【于道泉】

初六和十五日的明月，
到是有些相似；
明月中的兔兒，
壽命卻消磨盡了。

【曾緘】

弦望相看各有期，本來一體異盈虧。
腹中顧兔消磨盡，始是清光飽滿時。

【劉希武】

連霄秋月明，清寒正相似，

月中蟾兔兒，應已消磨死。

（四十二）

【于道泉】

這月去了，

下月來了。

等到吉祥白月的月初，

我們即可會面。

【曾緘】

前月推移後月行，暫時分手不須哀。

吉祥白月行看近，又到佳期第二回。

【劉希武】

此月因循去，下月奄忽來，

待到上弦夜，聯袂共徘徊。

（四十三）

【于道泉】

中間的彌盧山王，
請牢穩地站著不動。
日月旋轉的方向，
並沒有想要迷失。

【曾緘】

須彌不動住中央，日月遊行繞四方。
各駕輕車投熟路，未須卻腳嘆迷陽。

【劉希武】

未翻譯

（四十四）

【于道泉】

初三的明月發白，
它已盡了發白的能事，

請你對我發一個和十五日的夜色一樣的誓約。

【曾緘】

新月才看一線明，氣吞碧落便橫行。
初三自詡清光滿，十五何來皓魄盈？

【劉希武】

初三月光明，其明盡於此，
十五月更明，卿盟類如是。

（四十五）

【于道泉】

住在十地界中的
有誓約的金剛護法，
若有神通和威力，
請將佛法的冤家驅逐。

【曾緘】

十地莊嚴住法王，誓言訶護有金剛。

神通大力知無敵，盡逐魔軍去八荒。

【劉希武】

未翻譯

（四十六）

【于道泉】

杜鵑從漠地來時，

當令的地氣也來了；

我同愛人相會後，

身心都舒暢了。

【曾緘】

杜宇新從漠地來，天邊春色一時回。

還如意外情人至，使我心花頃刻開。

【劉希武】

杜鵑歸來後，時節轉清和，

我遇伊人後，心懷慰藉多。

（四十七）

【于道泉】

若不常想到無常和死，
雖有絕頂的聰明，
照理說也和呆子一樣。

【曾緘】

不觀生滅與無常，但逐輪迴向死亡。
絕頂聰明矜世智，嘆他於此總茫茫。

（四十八）

【于道泉】

不論虎狗豹狗，
用香美的食物餵它就熟了；
家中多毛的母老虎，
熟了以後卻變得更要兇惡。

【曾緘】

君看眾犬吠狺狺，飼以雛豚亦易訓。
只有家中雌老虎，愈溫存處愈生嗔。

【劉希武】

獒犬縱猙獰，投食自親近，
獨彼河東獅，愈親愈忿忿。

（四十九）

【于道泉】

雖軟玉似的身兒已抱慣，
卻不能測知愛人心情的深淺。
只在地上畫幾個圖形，
天上的星度卻已算準。

【曾緘】

抱慣嬌軀識重輕，就中難測是深情。
輸他一種占星術，繁星彌天認得清。

【劉希武】

日規置地上，可以窺日昃，
纖腰雖抱慣，深心不成測。

（五十）

【于道泉】

我同愛人相會的地方，
是在南方山峽黑林中，
除去會說話的鸚鵡之外，
不論誰都不知道。
會說話的鸚鵡聽了，
請不要到十字路上去多話！

【曾緘】

鬱鬱南山樹草繁，還從幽處會嬋娟。
知情只有閒鸚鵡，莫向三叉路口言。

【劉希武】

幽期深林中，知情唯鸚鵡，

叮嚀巧鸚哥，莫向街頭語。

（五十一）

【于道泉】

在拉薩擁堵的人群中，
瓊結人的模樣俊秀。
要來我這裡的愛人，
是一名瓊結人哪！

【曾緘】

拉薩遊女漫如雲，瓊結佳人獨秀群。
我向此中求伴侶，最先屬意便為君。

【劉希武】

拉薩多名花，有女最俊秀，
我愛即伊人，正欲來相就。

（五十二）

【于道泉】

有腮鬍的老黃狗，
心比人都伶俐。
不要告訴人我薄暮出去，
不要告訴人我破曉回來。

【曾緘】

龍鍾黃犬老多髭，鎮日司閽仗爾才。
莫道夜深吾出去，莫言破曉我歸來。

【劉希武】

聰明老黃犬，告密慎莫為，
薄暮我出外，黎明我還歸。

（五十三）

【于道泉】

薄暮出去尋找愛人，
破曉下了雪了。
住在布達拉時，

是瑞晉倉央嘉措。

【曾緘】

為尋情侶去匆匆，破曉歸來積雪中。
就裡機關誰識得，倉央嘉措布拉宮。

【劉希武】

薄暮出尋豔，早晨飛雪片，
情僧原是我，小住布達拉。

（五十四）

【于道泉】

在拉薩下面住時，
是浪子宕桑旺波，
秘密也無用了，
足跡已印在了雪上。

【曾緘】

夜走拉薩逐綺羅，有名蕩子是旺波。

而今秘密渾無用，一路瓊瑤足跡多。

【劉希武】

變名為蕩子，下遊拉薩城，
行蹤隱不住，足跡雪中生。

（五十五）

【于道泉】

被中軟玉似的人兒，
是我天真爛漫的情人。
你是不是用假情假意，
要騙我少年的財寶？

【曾緘】

玉軟香溫被裹身，動人憐處是天真。
疑他別有機權在，巧為錢刀作笑顰。

【劉希武】

衾中眠軟玉，溫柔實可人，

得毋賣假意，賺我珠與銀。

（五十六）

【于道泉】

將帽子戴在頭上，
將髮辮拋在背後。
他說：「請慢慢地走！」
他說：「請慢慢地住！」
他問：「你心中是否悲傷？」
他說：「不久就要相會！」

【曾緘】

輕垂辮髮結冠纓，臨別叮嚀緩緩行。
不久與君須會合，暫時判袂莫傷情。

【劉希武】

一言慢慢行，一言君且住，
問君悲不悲，不久還相遇。

（五十七）

【于道泉】

白色的野鶴啊，
請將飛的本領借我一用。
我不到遠處去耽擱，
到理塘去一遭就回來。

【曾緘】

跨鶴高飛意壯哉，雲霄一羽雪皚皚。
此行莫恨天涯遠，咫尺理塘歸去來。

【劉希武】

求汝雲間鶴，借翼一高翔，
飛行不在遠，一度到理塘。

（五十八）

【于道泉】

死後地獄界中的，

法王有善惡業的鏡子，
在這裡雖沒有準則，
在這裡須要報應不爽，
讓他們得勝啊！

【曾緘】

死後魂遊地獄前，閻王業鏡正高懸。
一困階下成禽日，萬鬼同聲唱凱旋。

（五十九）

【于道泉】

卦箭中了鵠的以後，
箭頭鑽到地裡去了；
我同愛人相會以後，
心又跟伊去了。

【曾緘】

卦箭分明中鵠來，箭頭顛倒落塵埃。

情人一見還成鵠，心箭如何挽得回？

【劉希武】

彎弓射鵠的，箭頭深入地，
自我一見伊，魂魄隨裙帔。（帔音ㄆㄟˊ，即裙子）

（六十）

【于道泉】

印度東方的孔雀，
工布谷底的鸚鵡，
生地各各不同。
聚處在法輪拉薩。

【曾緘】

孔雀多生印度東，嬌鸚工布產偏豐。
二禽相去當千里，同在拉薩一市中。

【劉希武】

印度有孔雀，工布出鸚鵡，

本來異地生，拉薩同聚處。

（六十一）

【于道泉】

人們說我的話，

我心中承認是對的。

我少年瑣碎的腳步，

曾到女店東家裡去過。

【曾緘】

行事曾叫眾口嘩，本來白壁有微瑕。

少年瑣碎零星步，曾到拉薩賣酒家。

【劉希武】

人言皆非真，訾我我何怨，

行跡素風流，實過女郎店。

（六十二）

【于道泉】

柳樹愛上了小鳥，
小鳥愛上了柳樹。
若兩人愛情和諧，
鷹即無隙可乘。

【曾緘】

鳥對垂楊似有情，垂楊亦愛鳥輕盈。
若叫樹鳥長如此，伺隙蒼鷹哪得攖。

【劉希武】

小鳥戀垂楊，垂楊親小鳥，
但願兩相諧，蒼鷹何足道。

（六十三）

【于道泉】

在極短的此生之中，
邀得了這些寵幸；
在來生童年的時候，

看是不是能再相逢。

【曾緘】

結盡齊心締盡緣，此生雖短意纏綿。
與卿再世相逢日，玉樹臨風一少年。

【劉希武】

餘生雖云短，承恩受寵多，
來生再幼年，所遇復如何。

（六十四）

【于道泉】

會說話的鸚哥兒，
請你不要作聲兒。
柳林裡的畫眉姐姐，
要唱一曲好聽的調兒。

【曾緘】

吩咐林中解語鶯，辯才雖好且休鳴。

畫眉阿姊垂楊畔，我要聽他唱一聲。

【劉希武】

能言小鸚哥，君言暫結束，
柳上黃鶯兒，正欲歌清曲。

（六十五）

【于道泉】

後面兇惡的龍魔，
不論怎樣厲害；
前邊樹上的蘋果，
我必須摘一個吃。

【曾緘】

縱使龍魔逐我來，張牙舞爪欲為災。
眼前蘋果終須吃，大膽將他摘一枚。

【劉希武】

毒龍在我後，雖猛我不畏，

蘋果正當前，摘下且嘗味。

（六十六）

【于道泉】

第一最好是不相見，
如此便可不至相戀；
第二最好是不相識，
如此便可不用相思。

【曾緘】

但曾相見便相知，相見何如不見時。
安得與君相決絕，免教辛苦作相思。

【劉希武】

最佳不相見，免我常相戀，
最佳不相知，免我常相思。

文經閣圖書目錄

文經書海

	書名	作者	定價
29	孔子與弟子的故事	汪林	定價：190元
30	小毛病大改造	石向前	定價：220元
31	100個故事100個哲理	商金龍	定價：220元
32	李嘉誠致富9大忠告	王井豔	定價：220元
33	銷售的智慧	趙秀軍	定價：220元
34	你值多少錢？	朱彤	定價：220元
35	投資大師華倫巴菲特的智慧	隋曉明	定價：240元
36	電腦鉅子比爾蓋茲的智慧	隋曉明	定價：240元
37	世界十大股神	白亮明	定價：249元
38	智謀--中國歷代智庫全集	耿文國	定價：240元
39	有一種堅持叫自信	魏一龍	定價：200元
40	多大度量成多大事	魏一龍	定價：230元
41	黃埔精神--黃埔精神與現代企業管理	劉志軍	定價：200元
42	理財改變你的一生	喬飛雲	定價：240元
43	低調--有一種境界叫彎曲	石向前	定價：240元
44	如何找份好工作	耿文國	定價：240元
45	李嘉誠50年經商哲學	耿文國	定價：280元
46	破壞感情的45句蠢話	婷婷	定價：240元
47	赤壁之戰	張雲風	定價：299元
48	選擇放下，選擇一份淡定從容	秦漢唐	定價：210元
49	謝謝的力量	陶濤	定價：240元
50	日本人憑什麼	周興旺	定價：280元
51	一句話一輩子一生行	郭達豐	定價：210元
52	匯率戰爭	王暘	定價：280元
53	改變世界的一句話	張建鵬	定價：220元
54	哈佛校訓給大學生的24個啟示	郭亞維	定價：280元
55	台灣十大企業家創富傳奇	王擁軍	定價：280元
56	香港十大企業家創富傳奇	穆志濱柴娜	定價：280元
57	最神奇的經濟學定律	黃曉林黃夢溪	定價：280元
58	最神奇的心理學定律	黃薇	定價：320元
59	18歲前就該讀哈佛人生哲理	王愛民	定價：240元
60	魅力經濟學	強宏	定價：300元

61	世界與中國大趨勢	楊雲鵬	定價：420元
62	看故事學投資	聶小晴	定價：240元
63	精明的浙江人可怕的溫州人	田媛媛	定價：280元
64	賈伯斯的創新課，比爾蓋茲的成功課	朱娜喬麥	定價：380元
65	改變自己影響世界的一句話	楊雲鵬	定價：280元
66	西點軍校36菁英法則	楊雲鵬	定價：320元
67	劍橋倚天屠龍史	新垣平	定價：300元
68	王陽明的人生64個感悟	秦漢唐	定價：240元
69	華人首富李嘉誠致富心路	姜波	定價：270元
70	億萬富豪給子女的一生忠告	洛克菲勒等	定價：280元
71	天下潮商--東方猶太人財富傳奇	王擁軍	定價：280元
72	看懂世界金融	田媛媛	定價：280元
73	那些年我們曾熟悉的情詩情事	秦漢唐	定價：240元
74	簡明美國史	趙智	定價：420元
75	一本書讀懂日本史	王光波	定價：320元
76	比爾・蓋茲全傳	常少波	定價：320元
77	賈伯斯給年輕人的21個忠告	常少波	定價：320元
78	不會撒嬌，笨女人	王茜文	定價：280元
79	世界名人名言	黃河長	定價：240元
80	世界零售龍頭：沃爾瑪傳奇	姜文波	定價：300元
81	股市投資必勝客：巴菲特投資智慧	喬飛雲	定價：280元
82	馬雲與阿里巴巴之崛起	秦商書	定價：320元
83	小米之父一雷軍	秦商書	定價：320元
84	投資夢想 創兆未來：孫正義的創投人生	秦商書	定價：320元
85	簡明法國史	秦學虞	定價：300元
86	蘋果新世代 庫克王朝	常少波	定價：300元
87	假如給我三天光明：海倫凱勒自傳	海倫凱勒	定價：300元
88	從菜鳥到老鳥	胡剛	定價：250元
89	如何找份好工作	胡剛	定價：250元
90	如何做好工作上好班	胡剛	定價：260元
91	品味佛家智慧	蘇樹華	定價：300元

城市狼族

01	狼噬：強者的生存法則	麥道莫	定價：240元

02　狼魂：狼性的經營法則　麥道莫　定價：260元

典藏中國：

04-1史記的故事　秦漢唐　定價：250元
05　大話孫子兵法--中國第一智慧書　黃樸民　定價：249元
06　速讀二十四史--上下　汪高鑫李傳印　定價：720元
08　速讀資治通鑑　汪高鑫李傳印　定價：380元
09　速讀中國古代文學名著　汪龍麟主編　定價：450元
10　速讀世界文學名著　楊坤主編　定價：380元
12　心經心得　曾琦雲　定價：280元
13　淺讀《金剛經》　夏春芬　定價：210元
14　讀《三國演義》悟人生大智慧　王峰　定價：240元
18　厚黑學全集【貳】舌燦蓮花　李宗吾　定價：300元
19　論語的人生64個感悟　馮麗莎　定價：280元
20　老子的人生64個感悟　馮麗莎　定價：280元
21　讀墨學法家悟人生智慧　張永生　定價：220元
22　左傳的故事　秦漢唐　定價：240元
23　歷代經典絕句三百首　張曉清張笑吟　定價：260元
24　商用生活版《現代36計》　耿文國　定價：240元
25　禪話•禪音•禪心禪宗經典智慧故事全集　李偉楠　定價：280元
26　老子看破沒有說破的智慧　麥迪　定價：320元
27　莊子看破沒有說破的智慧　吳金衛　定價：320元
28　菜根譚看破沒有說破的智慧　吳金衛　定價：320元
29　孫子看破沒有說破的智慧　吳金衛　定價：320元
30　小沙彌說解《心經》　禾慧居士　定價：250元
31　每天讀點《道德經》　王福振　定價：320元
32　推背圖和燒餅歌裡的歷史　邢群麟　定價：360元
33　易經：現代生活的智慧　孫三寶　定價：280元
34　《傳習錄》白話本　姜波　定價：330元
35　《史記》故事導讀　姜波　定價：340元
36　《資治通鑑》故事導讀　姜波　定價：300元
37　厚黑學全集【參】厚黑心術　李宗吾　定價：300元
38　《碧巖錄》中的100大智慧　于水音　定價：280元
39　入骨相思知不知一醉倒在中國古代情詩裡　維小詞　定價：300元
40　厚黑學全集【肆】厚黑之道　李宗吾　定價：300元

41 一本書讀懂戰國史 秦漢唐 定價：420元
42 厚黑學全集【伍】厚黑妙法 李宗吾 定價：300元
43 讀諸子百家悟人生大智慧 秦漢唐 定價：320元
44 厚黑學全集【壹】絕處逢生--黃金增訂版 李宗吾 定價：320元

經典中的感悟

01 莊子的人生64個感悟 秦漢唐 定價：280元
02 孫子的人生64個感悟 秦漢唐 定價：280元
03 三國演義的人生64個感悟 秦漢唐 定價：280元
04 菜根譚的人生88個感悟 秦漢唐 定價：280元
05 心經的人生88個感悟 秦漢唐 定價：280元
06 易經的人生64個感悟 秦漢唐 定價：300元
07 道德經的人生64個感悟 秦漢唐 定價：300元
08 論語的人生64個感悟 秦漢唐 定價：300元
09 法家智慧的人生99感悟 秦漢唐 定價：300元

人物中國：

13 禪讓--中國歷史上的一種權力遊戲 張程 定價：240元
14 商賈豪俠胡雪巖（精裝） 秦漢唐 定價：169元
15 歷代后妃宮闈傳奇 秦漢唐 定價：260元
16 歷代后妃權力之爭 秦漢唐 定價：220元
17 大明叛降吳三桂 鳳娟 定價：220元
20 弘一大師李叔同的後半生-精裝 王湜華 定價：450元
21 末代皇帝溥儀與我 李淑賢口述 定價：280元
22 品關羽 東方誠明 定價：260元
23 明朝一哥王陽明 呂崢 定價：280元
24 季羨林的世紀人生 李琴 定價：260元
25 民國十大奇女子的美麗與哀愁 蕭素均 定價：260元
26 這個宰相不簡單--張居正 逸鳴 定價：260元
27 六世達賴喇嘛倉央嘉措的情與詩 任倬灝 定價：260元
28 曾國藩經世101智慧 吳金衛 定價：280元
29 魏晉原來是這麼瘋狂 姚勝祥 定價：280元
30 王陽明悟人生大智慧 秦漢唐 定價：280元

國家圖書館出版品預行編目資料

六世達賴喇嘛：倉央嘉措的情與詩 / 任倬灝

-- 一版. -- 臺北市 :廣達文化，2011.11

; 公分. -(人物中國:27)(文經閣)

ISBN 978-957-713-483-7 (平裝)

1. 達賴喇嘛 2. 藏傳佛教 3.佛教傳記

226.969　　　　100016326

書山有路勤為經
學海無涯苦作舟

六世達賴喇嘛倉央嘉措的情與詩

作　者：任倬灝
叢書別：人物中國：27
出版者：廣達文化事業有限公司

文經閣企畫出版
Quanta Association Cultural Enterprises Co. Ltd
編輯執行總監：秦漢唐

發行所：臺北市信義區中坡南路 **287** 號 **5** 樓
電話：**02-27283588**　傳真：**02-27264126**
劃撥帳號：**19805171**
戶名：廣達文化事業有限公司
E-mail：**paolinan58@gmail.com**

製版印刷：卡樂彩色製版印刷有限公司

裝　訂：秉成裝訂有限公司

代理行銷：創智文化有限公司
23674 新北市土城區忠承路 89 號 6 樓
電話：02-2268-3489　傳真：02-2269-6560

CVS 代理：美璟文化有限公司
電話：02-27239968　傳真：27239668

一版一刷：2011 年 11 月
一版二刷：2015 年 7 月
一版三刷：2019 年 9 月

定 價：260 元

書山有路勤為徑，學海無涯苦作舟

書山有路勤為徑，學海無涯苦作舟。